Impara l'Arte della Diplomazia

Consigli efficaci e utili anche nel quotidiano

Robert Adman

Impara l'Arta della Diplomazia

Impara l'Arta della Diplomazia

1.Introduzione alla diplomazia

La diplomazia è un termine che spesso siamo abituati ad associare alle relazioni internazionali e alla politica, ma la sua importanza e i suoi obiettivi principali vanno ben oltre questi ambiti.

La diplomazia è un'arte antica che ha origini molto lontane e si è evoluta nel corso dei secoli, adattandosi ai cambiamenti sociali, politici e culturali. Si può definire come un insieme di strategie e tecniche che facilitano la comunicazione, la negoziazione e la risoluzione dei conflitti tra stati, organizzazioni internazionali o anche tra individui.

Ma qual è l'importanza della diplomazia? Perché è così fondamentale per il mantenimento della pace e la promozione di relazioni armoniose tra i paesi? La diplomazia è importante perché permette di evitare conflitti e guerre e privilegia la soluzione pacifica delle controversie. Inoltre, favorisce la cooperazione, lo scambio di informazioni e l'apertura al dialogo, creando opportunità di confronto e scambio culturale. La diplomazia è uno strumento che consente agli attori internazionali di raggiungere i loro obiettivi senza ricorrere alla forza militare, ma attraverso la persuasione, la negoziazione e il dialogo.

Uno degli obiettivi principali della diplomazia è la promozione e la difesa degli interessi nazionali. Ogni stato ha dei propri interessi che deve proteggere e promuovere. Attraverso la diplomazia, gli stati cercano di negoziare e stringere accordi che soddisfino i loro bisogni e aspirazioni. L'obiettivo è quello di massimizzare i vantaggi per il proprio paese e minimizzare le perdite. La diplomazia permette agli stati di trovare un punto di equilibrio tra le loro mutue richieste e creare win-win situazioni che favoriscano lo sviluppo economico, la sicurezza e la stabilità internazionale.

Un altro obiettivo importante della diplomazia è l'ottenimento del consenso internazionale. In un mondo globalizzato, la cooperazione tra paesi è indispensabile per risolvere le problematiche che affliggono l'intera umanità, come il cambiamento climatico, le epidemie globali, il terrorismo e la lotta contro la povertà. La diplomazia è un mezzo attraverso il quale gli stati cercano di trovare punti di accordo e definire politiche comuni che possano far fronte a queste sfide globali. L'obiettivo è quello di promuovere la pace, la sicurezza e il benessere comune attraverso la cooperazione e il coordinamento tra i paesi.

Inoltre, la diplomazia mira a promuovere il rispetto del diritto internazionale e dei principi di giustizia. Il diritto internazionale è un insieme di norme e regole che governano le relazioni tra gli stati. La diplomazia è uno strumento che permette di risolvere le controversie secondo i principi sanciti dal diritto internazionale, evitando conflitti e violenze. Inoltre, la diplomazia mira a promuovere il rispetto dei diritti umani e dei principi democratici, favorendo la creazione di un ordine internazionale basato su valori condivisi come la pace, la libertà e la giustizia.

Esempi concreti di diplomazia sono le trattative per la firma di trattati internazionali,

come il Trattato di Versailles del 1919 che
pose fine alla Prima Guerra Mondiale, o gli
accordi di pace tra Israele e Egitto o Israele e
Giordania negli anni '90. Questi sono solo
alcuni esempi che dimostrano come la
diplomazia abbia il potere di mettere fine a
conflitti duraturi e riportare la pace.

La diplomazia è anche fondamentale per la
gestione delle crisi internazionali. Spesso gli
stati si trovano di fronte a situazioni di crisi
come guerre civili, violazioni dei diritti umani
o insurrezioni popolari che richiedono una
risposta immediata e decisa. In questi casi, la
diplomazia permette agli attori internazionali
di trovare soluzioni e scendere a compromessi
che possano porre fine alla crisi e ripristinare
la stabilità. Uno degli strumenti utilizzati è la
mediazione, dove un terzo attore imparziale è
coinvolto per facilitare le negoziazioni tra le
parti in conflitto. Inoltre, la diplomazia può
richiedere anche l'imposizione di sanzioni
economiche o diplomatiche nei confronti di
uno stato che viola il diritto internazionale o
minaccia la pace e la sicurezza internazionale.
L'obiettivo è quello di utilizzare mezzi pacifici
per risolvere le crisi e prevenire l'escalation

violenta.

Infine, la diplomazia ha anche un ruolo importante nella promozione della cultura e dell'identità nazionale. Attraverso lo scambio culturale, le mostre, le esibizioni artistiche e le attività educative, la diplomazia aiuta a promuovere la comprensione e la consapevolezza delle diverse culture e tradizioni dei paesi. In un mondo sempre più interconnesso, la conoscenza delle diverse culture è fondamentale per promuovere il rispetto reciproco e la pace tra i popoli.

In conclusione, la diplomazia è un'arte complessa e cruciale per il mantenimento della pace, la promozione di relazioni armoniose tra i paesi e la risoluzione dei conflitti. I suoi obiettivi principali sono la promozione e la difesa degli interessi nazionali, l'ottenimento del consenso internazionale, il rispetto del diritto internazionale e dei principi di giustizia, la gestione delle crisi internazionali e la promozione della cultura e dell'identità nazionale. La diplomazia è uno strumento che permette agli attori internazionali di raggiungere i loro obiettivi attraverso la negoziazione, il dialogo e l'imposizione pacifica delle proprie posizioni. Senza la diplomazia, il mondo sarebbe più caotico e violento, con conflitti armati e guerre che si diffonderebbero come incendi. Pertanto, è fondamentale comprendere l'importanza della diplomazia e valorizzarne il ruolo nel promuovere una pace duratura e un mondo più giusto e sicuro.

2.Acquisire una conoscenza approfondita degli attori e delle istituzioni diplomatiche

Introduzione

Acquisire una conoscenza approfondita degli attori e delle istituzioni diplomatiche è di cruciale importanza per comprendere il mondo delle relazioni internazionali e promuovere efficacemente gli interessi del proprio Paese. La diplomazia è uno strumento centrale nella gestione dei rapporti tra gli Stati, ed è una pratica millenaria che ha subito un'evoluzione significativa nel corso dei secoli.

Gli attori diplomatici possono essere suddivisi in due categorie principali: gli attori statali e quelli non statali. Gli attori statali includono i governi, i ministeri degli affari esteri, gli ambasciatori e i diplomatici accreditati presso le missioni diplomatiche all'estero. Questi rappresentano gli interessi del proprio Paese e negoziano con altri Stati per raggiungere accordi, risolvere dispute o promuovere iniziative comuni.

Le istituzioni diplomatiche, d'altra parte, sono le organizzazioni che coordinano le attività diplomatiche a livello globale, regionale o tematico. Le principali istituzioni diplomatiche internazionali includono le Nazioni Unite (ONU), l'Organizzazione delle Nazioni Unite per l'Educazione, la Scienza e la Cultura (UNESCO), l'Unione Europea (UE), la Lega Araba, la NATO e molti altri. Queste istituzioni hanno il compito di facilitare il dialogo, la cooperazione e la negoziazione tra gli Stati membri.

Gli attori e le istituzioni diplomatiche

Tra gli attori diplomatici statali, il governo è il principale attore diplomatico. È responsabile della formulazione delle politiche estere del proprio Paese e dell'implementazione di tali politiche attraverso canali diplomatici. Il governo è rappresentato dal ministero degli affari esteri, che ha il compito di supervisionare e coordinare le attività diplomatiche del Paese. Il ministro degli affari esteri è la figura di spicco del ministero ed è responsabile delle relazioni diplomatiche con gli altri Paesi. Spesso partecipa a incontri internazionali, come l'Assemblea Generale delle Nazioni Unite, e tiene contatti con gli altri ministri degli affari esteri.

Gli ambasciatori e i diplomatici accreditati presso le missioni diplomatiche all'estero svolgono un ruolo fondamentale nella diplomazia. Gli ambasciatori sono i rappresentanti ufficiali del proprio Paese presso il Paese ospitante e sono responsabili della promozione degli interessi nazionali, della conduzione di negoziati bilaterali, dell'organizzazione di visite ufficiali e dell'informazione al governo su sviluppi politici ed economici nel Paese ospitante. Essi sono inoltre responsabili delle questioni di cittadinanza e del sostegno alle comunità connazionali all'estero. Altre figure diplomatiche includono i ministri plenipotenziari, i consoli e i funzionari di rango inferiore che svolgono ruoli specifici all'interno delle missioni diplomatiche.

Le istituzioni diplomatiche internazionali svolgono un ruolo cruciale nella promozione della cooperazione e della pace tra gli Stati membri. Le Nazioni Unite sono l'organizzazione internazionale più importante, fondata nel 1945 con l'obiettivo di mantenere la pace e la sicurezza internazionale, promuovere lo sviluppo economico e sociale e proteggere i diritti umani. L'ONU è composta da 193 Stati membri e ha una vasta gamma di organismi, tra cui l'Assemblea Generale, il Consiglio di Sicurezza, il Consiglio Economico e Sociale e il Segretariato.

Un'altra importante istituzione diplomatica è l'Unione Europea, che ha un ruolo unico nel promuovere la pace, la prosperità e l'integrazione nell'Europa continentale. L'UE ha una struttura complessa che comprende la Commissione Europea, il Parlamento Europeo, il Consiglio dell'UE e la Corte di Giustizia dell'UE. L'UE agisce come un attore diplomatico internazionale nelle sue relazioni con gli Stati membri e con altre organizzazioni internazionali.

Altre istituzioni diplomatiche includono la NATO, un'organizzazione di difesa collettiva che mira a garantire la sicurezza degli Stati membri, la Lega Araba, che promuove la cooperazione tra i Paesi arabi e difende gli interessi comuni, e l'Organizzazione dei Paesi esportatori di petrolio (OPEC), che coordina le politiche petrolifere dei suoi membri. Ogni istituzione ha il suo ambito di competenza e i suoi obiettivi specifici, ma tutte contribuiscono alla promozione della diplomazia multilaterale e alla risoluzione pacifica dei conflitti.

Conclusioni

Acquisire una conoscenza approfondita degli attori e delle istituzioni diplomatiche è fondamentale per chiunque voglia comprendere il mondo delle relazioni internazionali e affrontare le sfide globali in modo efficace. Gli attori statali, come i governi e i diplomatici accreditati, rappresentano gli interessi nazionali e negoziano con altri Stati per raggiungere accordi e risolvere dispute. Le istituzioni diplomatiche internazionali, come le Nazioni Unite e l'Unione Europea, promuovono la cooperazione e la pace tra gli Stati membri attraverso il dialogo e la negoziazione.

La diplomazia è uno strumento potente per risolvere i conflitti e promuovere la pace, e gli attori e le istituzioni diplomatiche giocano un ruolo chiave in questo processo. Studiare la diplomazia e acquisire una conoscenza approfondita degli attori e delle istituzioni diplomatiche permette di comprendere le dinamiche complesse delle relazioni internazionali e contribuire in modo significativo alla costruzione di un mondo più pacifico e prospero.

3.Sviluppare una padronanza delle abilità comunicative e negoziali

Nel mondo di oggi, l'abilità di comunicare ed essere in grado di negoziare è fondamentale per il successo personale e professionale. Essere in grado di trasmettere efficacemente le proprie idee, comprendere gli altri e raggiungere accordi sono competenze che possono fare la differenza in molte situazioni. Questo capitolo si concentrerà sull'importanza dello sviluppo di una padronanza delle abilità comunicative e negoziali, fornendo dettagli sulle diverse strategie e tecniche che possono essere utilizzate per migliorare queste competenze.

L'importanza delle abilità comunicative

Le abilità comunicative sono essenziali in tutte le sfere della vita. Sia che ci si trovi in un contesto personale o professionale, essere in grado di comunicare efficacemente è fondamentale per stabilire relazioni positive, risolvere i conflitti e raggiungere risultati. Una buona comunicazione non riguarda solo la trasmissione di informazioni, ma anche la capacità di ascoltare attivamente, comprendere le emozioni degli altri e rispondere in modo appropriato.

Le persone con abilità comunicative sviluppate sono generalmente più persuasive, hanno una maggiore capacità di negoziare e sono in grado di lavorare in modo più efficace all'interno di un team. Sanno come esprimere le proprie opinioni in modo chiaro e rispettoso, sanno ascoltare con attenzione e sono in grado di adattarsi alle diverse situazioni comunicative.

Tecniche per sviluppare le abilità comunicative

Ci sono diverse tecniche che possono essere utilizzate per sviluppare le abilità comunicative:

L'ascolto attivo: una delle competenze più importanti per comunicare efficacemente è l'ascolto attivo. Questo significa prestare attenzione a ciò che l'altra persona sta dicendo, senza interruzioni o distrazioni. È importante anche rispondere in modo appropriato alle emozioni dell'altro, facendo domande per approfondire e dimostrando interesse genuino per il punto di vista dell'altra persona.

L'uso del linguaggio del corpo: il linguaggio del corpo gioca un ruolo fondamentale nella comunicazione. Gestire le espressioni facciali, il contatto visivo, la postura e i gesti può aiutare a trasmettere il proprio messaggio in modo più efficace e ad essere più in sintonia con gli altri.

La capacità di sintesi: essere in grado di esprimere le proprie idee in modo chiaro e conciso è cruciale per una buona comunicazione. Imparare a essere sintetici significa identificare le informazioni principali e renderle comprensibili agli altri senza distorsioni o ambiguità.

L'empatia: la capacità di mettersi nei panni dell'altro è fondamentale per la comunicazione efficace. Sviluppando l'empatia, si può comprendere meglio le emozioni e le prospettive degli altri, favorendo una migliore comunicazione e una maggiore capacità di risolvere i conflitti.

L'importanza delle abilità negoziali

Le abilità negoziali sono altrettanto importanti quanto le abilità comunicative. La negoziazione è una pratica comune in molti contesti, come la gestione delle relazioni interpersonali, gli affari e il lavoro di squadra. Saper negoziare significa essere in grado di raggiungere accordi che soddisfino le esigenze di entrambe le parti coinvolte.

La negoziazione non si limita solo a ottenere il proprio interesse, ma anche a trovare una soluzione equa che tenga conto delle necessità delle altre persone coinvolte. Essere in grado di negoziare in modo efficace richiede diverse competenze, tra cui la capacità di trovare un compromesso, l'ascolto attivo e la gestione dei conflitti.

Tecniche per sviluppare le abilità negoziali

Esistono diverse tecniche che possono essere utilizzate per sviluppare le abilità negoziali:

La preparazione: prima di avviare una negoziazione, è importante prepararsi adeguatamente. Questo significa identificare gli obiettivi da raggiungere, conoscere le esigenze e le preferenze degli altri e cercare di prevedere le possibili soluzioni. Una buona preparazione può aumentare le possibilità di ottenere un accordo soddisfacente.

La ricerca di un compromesso: trovare un compromesso è spesso la chiave per una negoziazione efficace. Significa essere disposti a fare delle concessioni e a cercare soluzioni che soddisfino entrambe le parti coinvolte. La flessibilità e la capacità di trovare punti di accordo possono facilitare la negoziazione e portare a risultati più soddisfacenti.

La gestione dei conflitti: i conflitti possono emergere durante una negoziazione. È importante essere in grado di gestirli in modo costruttivo, ascoltando le diverse prospettive, cercando punti comuni e cercando di trovare una soluzione che sia equa ed equilibrata. La gestione dei conflitti richiede calma, empatia e diplomazia.

L'uso delle competenze comunicative: come

menzionato in precedenza, le abilità comunicative sono strettamente legate alle abilità negoziali. Essere in grado di comunicare efficacemente durante una negoziazione può facilitare il raggiungimento di un accordo, evitando incomprensioni e risolvendo i conflitti.

Sviluppare una padronanza delle abilità comunicative e negoziali è fondamentale per il successo personale e professionale. La comunicazione efficiente permette di trasmettere le idee in modo chiaro, di instaurare relazioni positive e di raggiungere obiettivi comuni. D'altra parte, le abilità negoziali consentono di trovare soluzioni che soddisfino le esigenze di tutti i partecipanti, gestendo i conflitti in modo efficace e raggiungendo accordi equi.

Per sviluppare queste competenze, è importante considerare l'ascolto attivo, l'uso del linguaggio del corpo, la capacità di sintesi e l'empatia come elementi chiave per una buona comunicazione. Inoltre, la preparazione, la ricerca di un compromesso, la gestione dei conflitti e l'uso delle competenze comunicative sono strategie che possono aiutare nel processo di negoziazione.

Investire nello sviluppo di queste competenze può portare a una comunicazione più efficace, a un miglioramento delle relazioni interpersonali e a una maggiore capacità di ottenere risultati positivi.

4.Essere consapevoli delle sfide e delle opportunità che l'ambiente diplomatico può presentare

L'ambiente diplomatico è un mondo complesso e sfaccettato, in cui coloro che si avventurano devono essere consapevoli delle molteplici sfide e opportunità che possono presentarsi lungo il percorso. La diplomazia è l'arte di negoziare e gestire le relazioni tra gli stati, e richiede un'approfondita conoscenza delle dinamiche politiche, culturali e sociali. Questo capitolo esplorerà le diverse sfide e le opportunità che possono emergere, nonché le competenze necessarie per affrontarle con successo.

Una delle sfide principali che l'ambiente diplomatico può presentare è la natura complessa delle questioni che vengono affrontate. Gli attori diplomatici devono essere in grado di comprendere le dinamiche politiche internazionali, che spesso coinvolgono una vasta gamma di interessi contrapposti. Ad esempio, la negoziazione di trattati commerciali può richiedere una profonda comprensione degli aspetti economici, sociali e politici di tutti i paesi coinvolti. Inoltre, la diplomazia spesso richiede di affrontare questioni di sicurezza internazionale, come la gestione dei conflitti o la prevenzione del terrorismo, che possono essere complesse da risolvere a causa delle diverse prospettive delle nazioni coinvolte.

Un'altra sfida significativa è rappresentata dalla gestione dei diversi interessi delle nazioni coinvolte. Gli stati agiscono in base ai loro interessi nazionali, che possono variare notevolmente. A volte tali interessi possono entrare in conflitto e gli stati devono trovare un terreno comune per poter avanzare. Questo richiede un'attenta negoziazione e una capacità di persuasione per cercare un consenso che soddisfi tutti gli attori coinvolti. Inoltre, la diplomazia richiede anche una buona conoscenza delle relazioni internazionali e una profonda comprensione dei contesti socio-culturali degli altri paesi, in modo da poter adattare le proprie strategie ed evitare incomprensioni o ostilità.

Inoltre, l'ambiente diplomatico può essere minato dalla mancanza di trasparenza e fiducia tra gli attori coinvolti. La diplomazia si basa sulla negoziazione e sulla parola data, ma talvolta gli stati possono agire in modo non trasparente o con motivazioni che possono non essere immediatamente evidenti. Questo crea sfide nel costruire e mantenere la fiducia tra gli attori diplomatici. La mancanza di fiducia può ostacolare i negoziati e portare a un fallimento nella risoluzione delle questioni in gioco. Pertanto, è fondamentale costruire relazioni basate sulla trasparenza e sull'integrità per evitare malintesi e favorire la collaborazione tra i diversi attori.

Tuttavia, nonostante le diverse sfide che possono emergere, l'ambiente diplomatico offre anche numerose opportunità per promuovere il dialogo, la cooperazione e il progresso internazionale. La diplomazia è uno strumento chiave per risolvere i conflitti e promuovere la pace tra le nazioni. Attraverso il dialogo aperto e l'ascolto reciproco, le nazioni possono trovare soluzioni comuni e raggiungere compromessi che soddisfino i propri interessi nazionali. Ad esempio, l'Organizzazione delle Nazioni Unite (ONU) è un'istituzione diplomatica che offre un forum per discutere e affrontare le questioni globali, come il cambiamento climatico, la povertà estrema o i conflitti armati.

Inoltre, la diplomazia offre anche opportunità per promuovere il commercio internazionale, lo sviluppo economico e la cooperazione scientifica. Gli accordi commerciali bilaterali e multilaterali possono facilitare gli scambi e promuovere la prosperità economica tra i paesi. La diplomazia economica è un settore in crescita, che coinvolge la promozione degli investimenti internazionali e la creazione di partenariati commerciali vantaggiosi per tutte le parti coinvolte.

Inoltre, l'ambiente diplomatico offre anche la possibilità di promuovere i diritti umani e la giustizia sociale a livello internazionale. La diplomazia dei diritti umani è un aspetto cruciale della diplomazia moderna, che cerca di proteggere gli individui dai crimini contro l'umanità, la tortura, la discriminazione o altre violazioni dei diritti fondamentali. Attraverso la pressione diplomatica e le negoziazioni multilaterali, gli attori diplomatici possono sostenere i diritti umani e cercare di influenzare positivamente i governi che li violano.

Per affrontare le sfide e sfruttare al meglio le opportunità dell'ambiente diplomatico, è essenziale sviluppare un insieme di competenze specifiche. In primo luogo, è fondamentale avere una conoscenza approfondita delle relazioni internazionali, della politica, dell'economia e delle dinamiche sociali dei paesi con cui si intende interagire. Un'ampia conoscenza degli attori e degli interessi in gioco è fondamentale per comprendere meglio le dinamiche dei negoziati e per essere in grado di avanzare proposte concrete che soddisfino gli obiettivi di tutte le parti coinvolte.

In secondo luogo, è cruciale sviluppare abilità di comunicazione efficaci. La diplomazia richiede la capacità di comunicare in modo chiaro, persuasivo e rispettoso. Le competenze linguistiche possono essere un vantaggio, ma è anche importante essere in grado di adattarsi alle diverse culture di coloro con cui ci si relaziona. La comprensione dei gesti, delle tradizioni e dell'etichetta locale può facilitare il dialogo e favorire relazioni di fiducia e rispetto reciproco.

In terzo luogo, è fondamentale sviluppare abilità di negoziazione e gestione dei conflitti. La diplomatica spesso richiede di conciliare interessi divergenti e di trovare compromessi che soddisfino le diverse parti coinvolte. La capacità di ascoltare attentamente, comprendere e risolvere i problemi è essenziale per raggiungere risultati positivi.

Inoltre, l'abilità di gestire il confronto in modo costruttivo, mantenendo il rispetto reciproco, è cruciale per mantenere relazioni di lungo termine.

Infine, è importante sottolineare l'importanza dell'integrità e della responsabilità nella diplomazia. Gli attori diplomatici devono agire in modo etico, coerente con i principi del diritto internazionale e dei diritti umani. La trasparenza e l'onestà sono fondamentali per costruire fiducia e credibilità nella comunità internazionale. Inoltre, è importante essere consapevoli dell'impatto delle proprie azioni e decisioni sulla società e l'ambiente circostante e cercare di promuovere il progresso sostenibile e la giustizia sociale.

In conclusione, l'ambiente diplomatico può presentare molte sfide e opportunità. Affrontare queste sfide richiede una conoscenza approfondita delle dinamiche politiche, culturali e sociali dei paesi con cui si intende interagire, nonché abilità di comunicazione, negoziazione e gestione dei conflitti. Tuttavia, la diplomazia offre anche opportunità per promuovere la cooperazione internazionale, proteggere i diritti umani e promuovere lo sviluppo sostenibile. Se esercitata con integrità e responsabilità, la diplomazia può svolgere un ruolo significativo nel costruire un mondo più giusto e pacifico.

5.Utilizzare la diplomazia culturale per promuovere la comprensione e la cooperazione tra diverse comunità

Negli ultimi decenni, il mondo è diventato sempre più interconnesso grazie ai progressi della tecnologia e dell'informazione. La globalizzazione ha portato diversità e multiculturalità nelle nostre società, ma ha anche creato tensioni e conflitti tra diverse comunità. Per superare queste sfide, è necessario utilizzare strumenti come la diplomazia culturale per promuovere la comprensione e la cooperazione tra le diverse comunità.

La diplomazia culturale è un approccio diplomatico che si concentra sulla promozione della cultura e dell'arte come mezzo per stabilire relazioni positive tra le nazioni e le comunità. Si tratta di creare spazi di dialogo e di scambio attraverso eventi culturali, mostre, festival, concerti e altre forme di espressione artistica, al fine di favorire la comprensione reciproca e prevenire i conflitti.

Un esempio concreto di utilizzo della diplomazia culturale per promuovere la comprensione e la cooperazione tra diverse comunità è rappresentato dai programmi di scambio studentesco. Queste iniziative permettono a giovani provenienti da diverse parti del mondo di studiare e vivere all'estero, immergendosi nella cultura e nella lingua del Paese ospitante. Attraverso questi scambi, gli studenti sviluppano una maggiore apertura mentale, imparano a comprendere e apprezzare le differenze culturali e sviluppano rapporti di amicizia e confidenza con persone provenienti da background diversi.

Un altro esempio di diplomazia culturale è l'organizzazione di festival internazionali, che mettono in mostra la diversità di culture, tradizioni e stili di vita provenienti da tutto il mondo. Questi eventi offrono l'opportunità di scoprire nuove forme d'arte, di assaporare cibi tradizionali e di partecipare a attività interculturali. Tale esposizione alla diversità culturale può aiutare le persone a superare stereotipi e pregiudizi, aprendo la mente e promuovendo la tolleranza e il rispetto reciproco.

La diplomazia culturale può anche svolgere un ruolo importante nel promuovere la comprensione e la cooperazione tra diverse comunità attraverso l'educazione. L'inclusione di moduli educativi sulla diversità culturale nelle scuole e nelle università può contribuire a combattere il razzismo e la discriminazione. Insegnare ai giovani la storia e la cultura di popoli diversi favorisce l'empatia e la comprensione dei punti di vista altrui.

Inoltre, la diplomazia culturale può essere promossa attraverso l'arte e la musica. Gli artisti possono utilizzare la loro forma d'espressione per trasmettere messaggi di pace, tolleranza e cooperazione tra diverse comunità. Concerti e performance di artisti provenienti da diverse tradizioni possono unire le persone attraverso il linguaggio universale della musica, superando le barriere culturali e linguistiche.

È importante sottolineare che la diplomazia culturale non è unilaterale, ma richiede uno scambio reciproco tra le diverse comunità. È necessario che ogni parte coinvolta sia aperta e disponibile a comprendere e apprezzare la cultura dell'altro. Solo attraverso uno scambio autentico e rispettoso le comunità possono superare le differenze e trovare punti di contatto per la cooperazione.

Un altro aspetto chiave della diplomazia culturale è la promozione del dialogo interreligioso. La religione è una componente fondamentale della cultura di molti popoli, ma può anche essere una fonte di tensioni e conflitti. Promuovere il dialogo e lo scambio tra diverse religioni può contribuire a una migliore comprensione delle credenze e delle pratiche religiose, favorendo la convivenza pacifica tra diverse comunità.

La diplomazia culturale rappresenta un'efficace strategia per promuovere la comprensione e la cooperazione tra diverse comunità. Attraverso eventi culturali, scambi studenteschi, festival e altre iniziative, si possono costruire ponti tra le diverse culture, combattendo stereotipi, pregiudizi e discriminazione. Questo approccio apre la strada a una maggiore accettazione e comprensione reciproca, favorendo la convivenza pacifica e la cooperazione tra le diverse comunità del mondo.

6.Mantenere un atteggiamento diplomatico nelle situazioni di conflitto o tensione

In una realtà sempre più globalizzata e interconnessa, è inevitabile che si verifichino situazioni di conflitto o tensione tra individui, gruppi o nazioni. In questi contesti, mantenere un atteggiamento diplomatico risulta essere fondamentale per evitare una escalation dei problemi e trovare soluzioni attraverso il dialogo e la negoziazione.

L'atteggiamento diplomatico si basa su una serie di principi e competenze che permettono di gestire situazioni complesse senza far degenerare il conflitto in violenza o risultati negativi per entrambe le parti coinvolte. Questo atteggiamento richiede un alto grado di autocontrollo emotivo, l'abilità di comprendere le ragioni e i bisogni altrui, nonché la capacità di comunicare in modo efficace e rispettoso.

Prima di tutto, un atteggiamento diplomatico implica una profonda consapevolezza di sé e delle proprie emozioni. Il mantenimento della calma e della razionalità è essenziale per evitare che le reazioni istintive e irrazionali possano peggiorare una situazione già tesa. La capacità di controllare le emozioni permette di analizzare la situazione in modo obiettivo e quindi intervenire in modo appropriato.

Inoltre, la diplomazia richiede la capacità di mettersi nei panni degli altri e comprendere le loro prospettive, esigenze e preoccupazioni. Questo richiede un'apertura mentale e la volontà di ascoltare attentamente le opinioni altrui senza pregiudizi o preconcetti. Solo attraverso questa comprensione reciproca è possibile avviare un dialogo costruttivo basato sulla fiducia e sulla collaborazione.

La comunicazione è un altro elemento essenziale dell'atteggiamento diplomatico. È importante utilizzare un linguaggio chiaro e non ambiguo per evitare fraintendimenti e contribuire alla creazione di un clima di dialogo aperto. Inoltre, è fondamentale saper ascoltare attivamente e mostrare interesse per le posizioni degli altri. Questo non significa necessariamente accettare o condividere queste posizioni, ma piuttosto dimostrare rispetto e considerazione per le opinioni altrui.

Nelle situazioni di conflitto o tensione, la neutralità e l'imparzialità sono fondamentali per mantenere un atteggiamento diplomatico. Non si tratta di assumere una posizione ambigua o evitare di prendere posizione, ma piuttosto di ricercare un equilibrio tra i diversi interessi e punti di vista coinvolti. A volte può essere necessario mediare tra le parti in conflitto, proponendo opzioni di compromesso o soluzioni alternative che soddisfino entrambe le parti.

Un atteggiamento diplomatico richiede anche una buona dose di pazienza e perseveranza. Risolvere conflitti o ridurre le tensioni richiede tempo e dedizione. È importante evitare di farsi coinvolgere nell'escalation emotiva e concentrarsi sulla ricerca di soluzioni pragmatiche che siano accettabili per tutti i protagonisti. La diplomazia richiede una visione a lungo termine e una prospettiva di costruzione di relazioni a lungo periodo.

Infine, è importante sottolineare che mantenere un atteggiamento diplomatico non significa necessariamente evitare il confronto o sottomettersi alle richieste delle altre parti. Si tratta piuttosto di adottare una strategia che miri al raggiungimento di soluzioni win-win, in cui tutte le parti coinvolte possano beneficiare. A volte, ci sarà bisogno di adottare una posizione ferma e difendere i propri interessi, ma sarà sempre necessario farlo in modo costruttivo e rispettoso.

Mantenere un atteggiamento diplomatico nelle situazioni di conflitto o tensione è un elemento chiave per la gestione efficace delle relazioni interpersonali e internazionali. Questo atteggiamento si basa su competenze come il controllo emotivo, la comprensione reciproca, la comunicazione efficace, l'imparzialità, la pazienza e la perseveranza. Solo attraverso un approccio diplomatico è possibile creare un clima di dialogo e collaborazione che permetta di trovare soluzioni che soddisfino tutti i protagonisti.

7. Essere in grado di negoziare accordi vantaggiosi per entrambe le parti coinvolte

Essere in grado di negoziare accordi vantaggiosi per entrambe le parti coinvolte è una competenza fondamentale nell'ambito delle relazioni commerciali. In un mondo sempre più globalizzato, le negoziazioni rappresentano un aspetto cruciale per la crescita delle aziende e per il raggiungimento di obiettivi comuni.

Per essere un negoziatore efficace, è necessario possedere diverse abilità e competenze. Prima di tutto, è fondamentale avere una buona conoscenza del settore in cui si sta operando. Comprendere le dinamiche di mercato, le tendenze e le sfide che lo caratterizzano permette di affrontare le trattative con maggiore consapevolezza e sicurezza.

Oltre alla conoscenza del settore, sono

richieste anche competenze di analisi e pianificazione. Prima di intraprendere una trattativa, è essenziale studiare attentamente il contesto, valutare i punti di forza e di debolezza delle parti coinvolte, identificare gli obiettivi da raggiungere e individuare eventuali alternative.

Durante la trattativa, è importante adottare una strategia di comunicazione efficace. Una buona comunicazione è basata sulla capacità di ascolto attivo, sulla capacità di formulare domande mirate e sulla capacità di esporre in modo chiaro e persuasivo le proprie idee e proposte. Inoltre, è fondamentale saper gestire i conflitti e le tensioni che possono insorgere durante una trattativa, cercando sempre di mantenere un clima di collaborazione e di ricerca reciproca di soluzioni vantaggiose per entrambe le parti.

Essere in grado di individuare gli interessi di entrambe le parti coinvolte è un altro elemento chiave per negoziare accordi vantaggiosi.

Spesso, dietro le posizioni apparentemente in contrasto, si celano interessi comuni o complementari che possono essere valorizzati per raggiungere una soluzione ottimale per entrambe le parti. È quindi importante saper scoprire e valorizzare questi interessi, al fine di creare un terreno di accordo solido e duraturo.

Durante la trattativa, è necessario essere flessibili e aperti al compromesso. La rigidità e l'inflessibilità sono spesso degli atteggiamenti che possono compromettere il raggiungimento di un accordo vantaggioso. Essere disposti a concedere qualcosa in cambio di qualcos'altro e cercare soluzioni alternative possono portare a accordi soddisfacenti per entrambe le parti.

Per essere un buon negoziatore, è anche fondamentale avere una buona capacità di analisi e di valutazione dei risultati ottenuti. Dopo una trattativa, è importante fare una valutazione attenta dei risultati raggiunti, analizzando se gli obiettivi prefissati sono stati raggiunti in modo soddisfacente e se l'accordo ottenuto è realmente vantaggioso per entrambe le parti.

Essere in grado di negoziare accordi vantaggiosi per entrambe le parti coinvolte richiede una combinazione di competenze e qualità. Conoscenza del settore, competenze di analisi e pianificazione, capacità di comunicazione, flessibilità e apertura al compromesso sono solo alcune delle abilità richieste per essere un negoziatore efficace. Investire nel miglioramento di queste competenze e nella loro pratica costante può sicuramente portare a risultati positivi e a relazioni commerciali durature e vantaggiose per tutte le parti coinvolte.

8.Saper analizzare e comprendere gli interessi e gli obiettivi degli altri

Saper analizzare e comprendere gli interessi e gli obiettivi degli altri è un'abilità fondamentale nel contesto sociale e professionale. Questa capacità ci permette di interagire in modo efficace e costruttivo con le persone che ci circondano, creando relazioni positive e sviluppando una comunicazione intesa e collaborativa.

Analizzare gli interessi e gli obiettivi degli altri richiede una grande attenzione verso le persone con cui entriamo in contatto. Significa riuscire a cogliere le loro motivazioni, le loro paure, le loro aspettative e i loro desideri nascosti. Per fare ciò, è importante sviluppare l'empatia, cioè la capacità di mettersi nei panni dell'altro e comprendere le sue emozioni e i suoi punti di vista.

Spesso siamo portati a considerare solo i nostri interessi e obiettivi, senza prestare attenzione a quelli degli altri. Tuttavia, se vogliamo creare relazioni solide e costruttive, dobbiamo imparare a considerare le prospettive altrui. Questo richiede un grande sforzo mentale, poiché dobbiamo imparare a vedere al di là delle nostre stesse limitazioni e preoccupazioni.

Per analizzare gli interessi e gli obiettivi degli altri, è necessario osservare attentamente il comportamento e l'espressione non verbale delle persone. Spesso, attraverso i gesti, le espressioni facciali, il tono di voce e il linguaggio del corpo, possiamo cogliere indizi importanti sulle loro emozioni e pensieri. Ad esempio, una persona che si sta agitando potrebbe essere preoccupata o in ansia per qualcosa. Dobbiamo quindi mostrare interesse sincero per le loro preoccupazioni e interrogarci su quali potrebbero essere le cause di tali emozioni.

Inoltre, è importante porre domande aperte e ascoltare attentamente le risposte degli altri.

Spesso, durante una conversazione, tendiamo a pensare solo a cosa dire successivamente o a come rispondere, senza davvero ascoltare le parole dell'interlocutore. Invece, dovremmo imparare a porre domande che incoraggino l'altro a esprimersi in modo completo e ad approfondire i suoi pensieri e sentimenti. L'ascolto attivo è un'abilità essenziale per comprendere gli interessi e gli obiettivi degli altri.

Inoltre, bisogna imparare a leggere tra le righe e a cogliere i segnali nascosti nelle parole degli altri. Spesso, le persone non dicono apertamente ciò che pensano o sentono, ma lasciano indizi nelle loro parole o nei loro silenzi. Ad esempio, una persona potrebbe dire di essere d'accordo con una decisione, ma attraverso il suo tono di voce o la sua espressione facciale potrebbe trasmettere una diversa opinione. Dobbiamo imparare a decodificare queste sfumature e ad andare oltre le parole pronunciate.

Infine, è importante mostrare rispetto e comprensione per le diverse prospettive degli altri. Non sempre saremo d'accordo con gli interessi e gli obiettivi altrui, ma ciò non significa che dobbiamo ignorarli o denigrarli. Dobbiamo cercare di comprendere le ragioni che stanno alla base di tali interessi e obiettivi e cercare di trovare punti di convergenza e di compromesso. Questo richiede flessibilità mentale e la capacità di mettere da parte i nostri egoismi e le nostre preoccupazioni personali.

Saper analizzare e comprendere gli interessi e gli obiettivi degli altri è un'abilità fondamentale per il successo delle nostre relazioni interpersonali. Richiede empatia, attenzione, ascolto e apertura mentale. Solo attraverso queste qualità saremo in grado di creare relazioni basate sulla comprensione, il rispetto reciproco e la collaborazione.

9.Essere in grado di prendere decisioni consapevoli e informate, considerando gli eventuali effetti a lungo termine

Essere in grado di prendere decisioni consapevoli e informate, considerando gli eventuali effetti a lungo termine, è una capacità preziosa che dobbiamo sviluppare nel corso della nostra vita. Prendere decisioni informate significa affrontare una scelta con una conoscenza approfondita delle opzioni disponibili, delle conseguenze possibili e dei vantaggi e svantaggi di ogni scelta. Inoltre, implica anche considerare gli effetti a lungo termine di tali decisioni sul nostro benessere e sulla società in generale.

Per prendere decisioni consapevoli ed informate, la prima cosa da fare è acquisire informazioni accurate e affidabili sulle opzioni a nostra disposizione. Questo può richiedere la consultazione di esperti nel campo rilevante, la ricerca di fonti affidabili online o l'informarsi tramite libri o riviste specializzate. Ad esempio, se abbiamo intenzione di acquistare una casa, dovremmo documentarci sul mercato immobiliare, valutare i prezzi e confrontare le offerte disponibili.

Oltre all'acquisizione di informazioni, è importante analizzare attentamente le conseguenze possibili di ogni scelta. Ciò significa considerare gli aspetti positivi e negativi di ogni opzione, valutare quale sia l'opzione che corrisponde alle nostre priorità e obiettivi e capire come potrebbe influenzare la nostra vita e il nostro futuro. Ad esempio, se stiamo considerando l'opportunità di accettare un nuovo lavoro, dovremmo valutare la convenienza economica, le prospettive di crescita, l'equilibrio tra vita professionale e vita privata e l'adeguatezza del percorso di carriera.

Tuttavia, prendere decisioni consapevoli ed informate non significa soltanto valutare le conseguenze immediate di una scelta, ma anche considerare i suoi effetti a lungo termine. Questo richiede una previsione delle conseguenze che potrebbero manifestarsi nel corso del tempo. Ad esempio, se stiamo considerando l'adozione di uno stile di vita più sano, dovremmo considerare come questo possa influire sulla nostra salute a lungo termine, la nostra vitalità e la nostra qualità di vita generale.

Oltre all'impatto personale, dobbiamo anche riflettere sugli effetti delle nostre decisioni sulla società e sull'ambiente circostante. Ad esempio, se stiamo scegliendo il mezzo di trasporto da utilizzare quotidianamente, possiamo considerare l'inquinamento causato dai veicoli a motore e la sostenibilità dell'opzione scelta rispetto al cambiamento climatico.

Inoltre, prendere decisioni consapevoli ed informate richiede anche di raccogliere opinioni e consigli da persone fidate e competenti, come amici, familiari o professionisti del settore coinvolto nella decisione. Questo ci permette di ottenere una prospettiva diversa e un'esperienza concreta che può aiutarci a valutare meglio le nostre opzioni e conseguenze.

Tuttavia, è importante ricordare che non tutte le decisioni possono essere previste con certezza. Ci sono sempre fattori esterni e incertezze che non possono essere completamente controllati. In questi casi, è importante essere flessibili e adattabili, pronti a rivedere e modificare le nostre decisioni se necessario.

Infine, prendere decisioni consapevoli ed informate richiede una buona dose di introspezione e conoscenza di sé. Dobbiamo conoscere le nostre priorità, i nostri valori e le nostre aspirazioni per poter prendere decisioni che siano in linea con ciò che vogliamo ottenere nella vita. Questo richiede anche di essere onesti e sinceri con noi stessi, senza lasciarci influenzare e condizionare troppo da opinioni esterne.

Essere in grado di prendere decisioni consapevoli e informate, considerando gli eventuali effetti a lungo termine, è una competenza chiave per vivere una vita soddisfacente e raggiungere i nostri obiettivi. Richiede l'acquisizione di informazioni accurate, l'analisi delle conseguenze possibili, la considerazione degli effetti a lungo termine, la consultazione di persone fidate e la conoscenza di sé. Solo attraverso questo processo, possiamo prendere decisioni che riflettano realmente le nostre esigenze, valori e desideri.

10. Essere pazienti e flessibili durante i processi diplomatici, tenendo conto delle diverse opinioni e punti di vista

Essere pazienti e flessibili durante i processi diplomatici, tenendo conto delle diverse opinioni e punti di vista

I processi diplomatici sono spesso complessi e delicati da gestire. Richiedono una grande dose di pazienza e flessibilità, specialmente quando si devono tenere in considerazione le diverse opinioni e punti di vista delle parti coinvolte. In questa discussione, esamineremo l'importanza di essere pazienti e flessibili durante i processi diplomatici, analizzando come questi elementi possono favorire un dialogo costruttivo e il raggiungimento di compromessi.

Innanzitutto, essere pazienti è fondamentale quando si affrontano negoziati diplomatici. È possibile che le parti coinvolte abbiano opinioni divergenti su questioni cruciali e, in questi casi, è necessario cercare di comprendere e rispettare il punto di vista degli altri. La pazienza permette di mantenere la calma e di esprimere i propri argomenti in modo chiaro e rispettoso, senza creare tensioni o conflitti. Una comunicazione pacata e paziente facilita la comprensione reciproca e promuove un'atmosfera di dialogo costruttivo.

Inoltre, la flessibilità gioca un ruolo cruciale durante i processi diplomatici. Essere flessibili significa essere disposti a considerare nuove idee e proposte, e ad adattarsi alle esigenze delle altre parti coinvolte. Questo non significa necessariamente accettare tutto ciò che viene proposto, ma piuttosto essere aperti a nuove soluzioni e a trovare compromessi che soddisfino tutte le parti. La flessibilità permette di trovare soluzioni creative e sostenibili, che tengano conto delle diverse esigenze e punti di vista.

Inoltre, la flessibilità nei processi diplomatici

può contribuire alla creazione di relazioni durature e stabili tra le diverse parti coinvolte. Quando si è aperti al dialogo e si cerca di capire le ragioni e i punti di vista altrui, si mostra rispetto e apertura mentale. Questo può favorire la creazione di fiducia reciproca e di un clima di cooperazione, che sono fondamentali per il successo dei negoziati diplomatici. La flessibilità permette di andare oltre gli interessi particolari e di focalizzarsi sugli obiettivi comuni, che spesso implicano compromessi e un'apertura al cambiamento.

Tuttavia, essere pazienti e flessibili non significa compromettere i propri valori o cedere su questioni fondamentali. È importante distinguere tra opportunità di flessibilità su questioni secondarie e la fermezza su principi e valori che non possono essere negoziabili. La pazienza e la flessibilità devono essere messe in pratica nel rispetto di una cornice etica e di diritti fondamentali, che devono essere tutelati e rispettati.

Per esempio, durante i negoziati diplomatici tra due nazioni che hanno opinioni contrastanti su questioni di diritti umani, essere pazienti e flessibili significa aprire un dialogo che permetta di comprendere le ragioni delle diverse prospettive e di cercare soluzioni che tutelino i diritti fondamentali senza negare l'identità e le esigenze delle parti coinvolte. In questo caso, l'obiettivo principale dovrebbe essere quello di trovare un terreno comune che permetta di proteggere i diritti umani senza mettere a rischio la stabilità del dialogo diplomatico.

Essere pazienti e flessibili durante i processi diplomatici è fondamentale per la creazione di un dialogo costruttivo che permetta di raggiungere compromessi e soluzioni durature. La pazienza consente di mantenere la calma e di comunicare in modo rispettoso, facilitando così la comprensione reciproca. La flessibilità, d'altra parte, consente di aprire il dialogo alle nuove idee e proposte, promuovendo la ricerca di soluzioni creative e sostenibili. Tuttavia, sia la pazienza che la flessibilità devono essere solidamente fondate su principi etici e di tutela dei diritti fondamentali, in modo da evitare compromessi inappropriati. La combinazione di pazienza, flessibilità e rispetto reciproco costituisce la base per negoziati diplomatici di successo e per la costruzione di relazioni stabili e durature tra le diverse parti coinvolte.

11. Essere in grado di gestire situazioni di crisi in modo calmo e risolutivo

Gestire situazioni di crisi richiede una serie di competenze e qualità, essere in grado di gestirle in modo calmo e risolutivo è fondamentale per affrontare tali situazioni in maniera efficace ed efficiente. Sul luogo di lavoro o nella vita quotidiana, è inevitabile che si verifichino momenti di crisi, come conflitti, emergenze o imprevisti, che richiedono una risposta rapida e ponderata. Riuscire a mantenere la calma e affrontare tali situazioni con determinazione e capacità di risoluzione può fare la differenza tra il successo e il fallimento.

Una delle qualità fondamentali per affrontare le situazioni di crisi in modo calmo e risolutivo è la capacità di mantenere la serenità anche quando tutto sembra andare storto. Il panico e il disorientamento possono portare a decisioni affrettate e irrazionali, mentre la tranquillità mentale consente di valutare la situazione in modo obiettivo e prendere decisioni ponderate. Mantenere la calma consente inoltre di comunicare in modo efficace con gli altri protagonisti della situazione, favorendo una gestione collaborativa della crisi.

La ricerca di soluzioni nel momento di crisi è un'altra competenza chiave per gestire con successo tali situazioni. Essere in grado di analizzare rapidamente le opzioni disponibili e identificare la migliore soluzione possibile può frenare l'aggravarsi della crisi e fornire una via d'uscita rapida ed efficace. La capacità di prendere decisioni difficili in tempi limitati è essenziale durante una crisi. Oltre a identificare le soluzioni, è altrettanto importante essere flessibili e adattabili nel modificare le strategie se necessario.

Inoltre, la capacità di comunicare in modo chiaro ed efficace è cruciale nella gestione di situazioni di crisi. Durante una crisi, il tempo è spesso limitato e la comunicazione è essenziale per coordinare gli sforzi di tutte le persone coinvolte. Essere in grado di esprimere in modo chiaro le proprie intenzioni, ascoltare attivamente gli altri e sintetizzare le informazioni in modo conciso possono facilitare il processo decisionale e indirizzare le azioni necessarie per risolvere la crisi.

La resilienza è un'altra qualità fondamentale per gestire situazioni di crisi in modo calmo e risolutivo. Essere in grado di adattarsi rapidamente alle circostanze mutevoli e di superare gli ostacoli con determinazione può contribuire a mantenere l'equilibrio mentale durante una crisi. La capacità di imparare dagli errori e di trarre lezioni dalle esperienze passate può anche favorire una maggiore resilienza e un miglioramento personale a lungo termine.

Inoltre, una buona gestione dell'ansia può prevenire il sopraggiungere di ulteriori problemi in situazioni di crisi. L'ansia può ostacolare la capacità di prendere decisioni informate e condurre a comportamenti impulsivi. La pratica di tecniche di rilassamento, come la respirazione profonda o la meditazione, può aiutare a mantenere la calma e a ridurre l'ansia durante una crisi.

Infine, la preparazione è essenziale per affrontare situazioni di crisi in modo calmo e risolutivo. Mantenere un buon livello di conoscenza e competenza nella propria area di lavoro o di interesse può consentire di anticipare possibili problemi e preparare piani d'azione adeguati. Inoltre, avere a disposizione risorse e strumenti utili in caso di crisi può agevolare la risoluzione del problema in maniera rapida ed efficace.

La resilienza e una buona gestione dell'ansia. Queste competenze possono essere acquisite attraverso formazione specifica, esperienze e auto-miglioramento. La gestione efficace delle situazioni di crisi può fare la differenza tra il successo e il fallimento, sia sul luogo di lavoro che nella vita quotidiana.

12. Essere preparati a gestire i media e la pubblica opinione nel corso delle attività diplomatiche

Con l'avvento della tecnologia digitale e dei social media, è diventato fondamentale per i diplomatii essere preparati a gestire i media e la pubblica opinione nel corso delle attività diplomatiche. Questa nuova realtà ha portato a una maggiore trasparenza e ad una scia di sfide che richiedono una consapevolezza e una preparazione specifica per affrontarle adeguatamente.

Gestire i media e la pubblica opinione è diventato un aspetto cruciale della diplomazia moderna, in quanto le informazioni vengono diffuse rapidamente su piattaforme digitali e possono raggiungere un vasto pubblico in pochi istanti. Questo crea delle potenzialità enormi ma anche una serie di rischi che devono essere attentamente considerati.

Per essere preparati a gestire i media e la pubblica opinione, i diplomatici devono acquisire competenze specifiche nel campo delle comunicazioni. Dovrebbero essere in grado di produrre contenuti di qualità, di selezionare i canali appropriati per la diffusione delle informazioni e di utilizzare efficacemente i social media come strumenti di comunicazione diplomatica. Inoltre, devono essere in grado di interagire con i giornalisti in modo professionale, rispondendo tempestivamente alle domande e fornendo informazioni accurate, al fine di evitare fraintendimenti o malintesi.

Un altro aspetto da tenere in considerazione è la gestione delle crisi. Nel corso delle attività diplomatiche, possono verificarsi situazioni impreviste che richiedono una risposta rapida e decisa. In questi casi, i diplomatici devono essere in grado di coordinare le azioni e le comunicazioni, garantendo che le informazioni vengano trasmesse in modo chiaro e coerente. Una cattiva gestione di una crisi può avere conseguenze disastrose per l'immagine di un paese o per la reputazione di un diplomatico, pertanto è fondamentale avere una preparazione adeguata in questo ambito.

Inoltre, i diplomatici devono essere consapevoli del potere dei media nel plasmare l'opinione pubblica e l'agenda politica. I mass media possono influenzare l'opinione pubblica attraverso la selezione delle notizie, l'interpretazione dei fatti e la creazione di narrazioni. È quindi importante che i diplomatici siano in grado di comprendere il funzionamento dei media e di adottare strategie di comunicazione atte a promuovere gli interessi del proprio paese in modo efficace.

In questo contesto, è indispensabile sviluppare una capacità diplomatica di costruire e mantenere relazioni con i giornalisti e i media. Gli incontri regolari, le conferenze stampa e le interviste sono solo alcune delle attività che consentono ai diplomatici di stabilire canali di comunicazione diretti e di creare un dialogo aperto con i media. La gestione delle relazioni con i media richiede una buona conoscenza dei principi etici del giornalismo e una capacità di interagire in modo professionale con i giornalisti, senza lasciarsi coinvolgere in polemiche o conflitti.

Infine, essere preparati a gestire i media e la pubblica opinione significa anche essere pronti a utilizzare gli strumenti e le piattaforme digitali in modo efficace e innovativo. I social media hanno cambiato il modo in cui le informazioni vengono diffuse e condivise, fornendo la possibilità di raggiungere un pubblico globale in modo rapido ed economico. I diplomatici devono essere in grado di utilizzare queste nuove tecnologie per promuovere gli interessi del proprio paese, mettendo in atto strategie di comunicazione mirate e coinvolgenti.

In conclusione, per essere preparati a gestire i media e la pubblica opinione nel corso delle attività diplomatiche, i diplomatici devono acquisire competenze specifiche nel campo delle comunicazioni, saper gestire le crisi in modo tempestivo ed efficace, comprendere il potere dei media nel plasmare l'opinione pubblica e sviluppare relazioni solide con i giornalisti e i mass media. Inoltre, devono essere pronti a utilizzare gli strumenti e le piattaforme digitali in modo innovativo. Solo attraverso una preparazione adeguata e una gestione efficace dei media, i diplomatici potranno affrontare con successo le sfide della diplomazia moderna.

13.Avere conoscenze approfondite sulle questioni globali e gli eventi internazionali più rilevanti

Avere conoscenze approfondite sulle questioni globali e sugli eventi internazionali più rilevanti è diventato fondamentale nel contesto attuale caratterizzato da una crescente interconnessione tra nazioni, economie, culture e società. Essere consapevoli delle dinamiche globali aiuta a comprendere meglio il mondo che ci circonda e a agire in modo più informato e consapevole.

Uno degli argomenti di rilievo nell'ambito delle questioni globali è sicuramente il cambiamento climatico. Negli ultimi decenni, il pianeta ha subito alterazioni a causa delle attività umane, che hanno portato a un aumento della temperatura media globale, a conseguenze sulle risorse idriche, al dissesto idrogeologico, all'aumento dell'intensità degli eventi meteorologici estremi e al

deterioramento della biodiversità.
Comprendere le cause e gli effetti del
cambiamento climatico, nonché le possibili
soluzioni, è essenziale per poter adottare
comportamenti sostenibili e limitare i danni
futuri.

Un'altra questione globale di rilievo è la
globalizzazione economica. L'integrazione
delle economie a livello mondiale ha portato a
una maggiore interdipendenza tra paesi, ma ha
anche generato disuguaglianze, fenomeni
migratori e sfruttamento delle risorse. Capire
le dinamiche economiche globali può aiutarci
a individuare le opportunità di crescita e
sviluppo, nonché le criticità da affrontare,
come la lotta all'evasione fiscale, la
promozione di una distribuzione più equa
delle risorse e il contrasto al lavoro minorile.

Un tema afferente al globale è quello legato
alle questioni di pace e sicurezza. Infatti,
fenomeni come il terrorismo, i conflitti armati,
la proliferazione nucleare e le tensioni

geopolitiche possono minacciare la stabilità internazionale. Essere al corrente di questi eventi e capire le cause profonde che li alimentano è cruciale per promuovere politiche e strumenti internazionali capaci di prevenire e risolvere tali situazioni.

Un esempio significativo di evento internazionale rilevante è la pandemia da COVID-19 che ha colpito il mondo intero, mettendo a rischio la salute delle persone e l'economia globale. Conoscere i dettagli e le caratteristiche di questa crisi sanitaria, comprese le misure di prevenzione e mitigazione, i rapporti tra i paesi per affrontarla e le conseguenze a livello sociale ed economico, è fondamentale per comprendere appieno l'impatto che essa ha avuto e continua ad avere sulla nostra società.

Avere conoscenze approfondite sulle questioni globali richiede una lettura costante e critica di fonti di informazione affidabili, come giornali, riviste specializzate, rapporti delle organizzazioni internazionali e accademiche. È importante mantenere una visione aperta e plurale, cercando di avvicinarsi anche a prospettive differenti per ottenere una panoramica più completa e oggettiva.

Inoltre, la partecipazione attiva a conferenze, seminari, dibattiti e discussioni sulle questioni globali, oltre ad incontrare esperti e figure di rilievo in questo campo, può arricchire notevolmente la nostra conoscenza e il nostro punto di vista, permettendoci di acquisire una visione più ampia e profonda delle sfide globali.

Indubbiamente, in un mondo in rapida evoluzione come il nostro, è impossibile essere a conoscenza di tutti gli eventi internazionali più rilevanti. Tuttavia, è importante cercare di essere aggiornati sugli avvenimenti principali e comprendere le dinamiche sottostanti che li generano. Questo ci permette di analizzare, interpretare e valutare le informazioni che ci arrivano in modo critico e consapevole.

Le competenze acquisite attraverso lo studio approfondito delle questioni globali e degli eventi internazionali più rilevanti possono essere utili in molteplici ambiti. Ad esempio, possono facilitare la carriera professionale di chi lavora nel settore delle relazioni internazionali, del giornalismo, dell'economia globale, della diplomazia o dell'assistenza umanitaria. Inoltre, tali conoscenze possono arricchire la nostra vita quotidiana, ampliando le nostre prospettive, stimolando il dialogo e la comprensione con persone di diverse nazionalità e culture e consentendoci di contribuire in modo più consapevole alla crescita e al benessere della comunità globale.

14. Essere in grado di sfruttare le risorse diplomatiche disponibili, come ad esempio gli accordi bilaterali o multilaterali

Essere in grado di sfruttare le risorse diplomatiche disponibili, come ad esempio gli accordi bilaterali o multilaterali, rappresenta una competenza fondamentale per qualsiasi entità politica. La diplomazia rappresenta un'arte nella quale il fine ultimo è quello di promuovere gli interessi nazionali, mantenendo nel contempo la pace e la stabilità internazionale.

Gli accordi bilaterali sono sottoscritti tra due nazioni e rappresentano un meccanismo importante per regolare aspetti specifici delle relazioni tra i due Stati. Questi accordi possono riguardare settori economici, commerciali, culturali, scientifici e anche di sicurezza. Ad esempio, una nazione potrebbe stipulare un accordo bilaterale con un'altra per facilitare lo scambio di merci o per garantire la protezione reciproca degli investimenti.

L'utilità degli accordi bilaterali risiede nella loro specificità e flessibilità. Essi possono essere negoziati e implementati in modo relativamente rapido, a differenza degli accordi multilaterali che coinvolgono un numero maggiore di attori. Inoltre, gli accordi bilaterali permettono di approfondire e consolidare rapporti di fiducia reciproca tra le parti coinvolte, facilitando così la cooperazione in settori chiave.

Tuttavia, gli accordi bilaterali non sempre sono sufficienti a risolvere questioni complesse che coinvolgono più nazioni. In tali casi, entrano in gioco gli accordi multilaterali, che coinvolgono un numero più elevato di partecipanti e spesso sono negoziati e ratificati da organizzazioni internazionali. Gli accordi multilaterali, come ad esempio i trattati dell'Organizzazione delle Nazioni Unite (ONU), sono fondamentali per affrontare sfide globali come il cambiamento climatico, la proliferazione nucleare o i diritti umani.

Gli accordi multilaterali offrono il vantaggio di coinvolgere un numero più ampio di attori, aumentando così il consenso e la legittimità delle decisioni prese. Inoltre, tali accordi hanno il potenziale di creare standard e norme globali che possono influenzare positivamente le relazioni internazionali. Ad esempio, gli accordi multilaterali sul commercio internazionale, come quelli dell'Organizzazione Mondiale del Commercio (OMC), favoriscono la liberalizzazione dei mercati e la riduzione delle barriere commerciali, promuovendo così la crescita economica a livello globale.

Tuttavia, l'efficacia degli accordi multilaterali può essere limitata dalla complessità delle negoziazioni e dalla difficoltà di raggiungere un consenso tra le diverse parti coinvolte. In alcuni casi, la mancanza di volontà politica o le divergenze di interessi possono ostacolare la ratifica e l'implementazione di tali accordi.

Per essere in grado di sfruttare al meglio le

risorse diplomatiche disponibili, come gli accordi bilaterali o multilaterali, è essenziale avere una solida infrastruttura diplomatica nazionale. Questo significa avere un corpo diplomatico ben addestrato e competente, che sia in grado di negoziare, ratificare e implementare tali accordi nel modo più efficace possibile.

Inoltre, è fondamentale che gli attori politici comprendano l'importanza di una diplomazia attiva e basata sulla cooperazione. Una posizione di chiusura e isolazionismo può limitare le opportunità offerte dagli accordi bilaterali o multilaterali, intaccando così la capacità di un paese di proteggere i propri interessi e promuovere la propria agenda internazionale.

Infine, la diplomazia deve essere supportata da una politica estera coerente e basata su principi e valori chiari. Questo garantirà che gli accordi bilaterali o multilaterali siano conformi agli obiettivi nazionali e contribuiscano a promuovere gli interessi del paese nel rispetto del diritto internazionale.

Essere in grado di sfruttare le risorse diplomatiche disponibili, come gli accordi bilaterali o multilaterali, richiede una diplomazia attiva, ben preparata e orientata alla cooperazione. Gli accordi bilaterali permettono di affrontare questioni specifiche e consolidare relazioni di fiducia, mentre gli accordi multilaterali permettono di affrontare sfide globali e creare norme a livello internazionale. Tuttavia, per poter beneficiare appieno di tali risorse, è essenziale avere una politica estera coerente e una solida infrastruttura diplomatica nazionale. Solo attraverso un approccio strategico e ben coordinato sarà possibile massimizzare i benefici derivanti da queste risorse diplomatiche.

15. Conoscere le norme e i protocolli diplomatici per evitare gaffes o comportamenti inappropriati

Introduzione

In un mondo sempre più globalizzato, è fondamentale avere una conoscenza approfondita delle norme e dei protocolli diplomatici per evitare gaffes o comportamenti inappropriati. Le interazioni tra rappresentanti diplomatici di diversi Paesi sono cruciali per il mantenimento di relazioni internazionali pacifiche e la promozione del dialogo tra nazioni. Conoscere e rispettare i protocolli diplomatici rappresenta, quindi, un requisito fondamentale per coloro che operano nel campo della diplomazia.

Definizione dei protocolli diplomatici

Prima di esaminare le norme e i protocolli

specifici, è utile avere un quadro generale di cosa siano i protocolli diplomatici. Essi costituiscono un insieme di regole che regolano il comportamento e l'etichetta dei rappresentanti diplomatici durante incontri ufficiali, cerimonie, visite di Stato e altre occasioni formali. Queste regole sono stabilite per garantire cortesia, rispetto e riconoscimento delle gerarchie tra gli Stati.

Le norme di precedenza

Un aspetto cruciale dei protocolli diplomatici riguarda l'ordine di precedenza tra i rappresentanti diplomatici. Esistono gerarchie specifiche che definiscono l'ordine in cui i diplomatici devono essere accolti o presentati durante le cerimonie o le visite ufficiali. Questo ordine può essere basato su vari fattori, come il grado diplomatico, l'anzianità nel servizio diplomatico o il valore strategico del Paese rappresentato.

Durante una visita di uno Stato estero, ad esempio, il capo di Stato del Paese ospitante viene generalmente accolto per primo, seguito dagli ambasciatori o i capi di diplomatici degli altri Paesi, in base alla gerarchia diplomatica. È importante conoscere e rispettare questa priorità di precedenza per evitare gaffes o atteggiamenti inappropriati.

Etichetta e comportamento

Oltre alle norme di precedenza, ci sono anche precise regole di etichetta e comportamento che devono essere seguite durante le interazioni diplomatiche. Ad esempio, è consuetudine utilizzare il "linguaggio diplomatico" per comunicare, ovvero un tono pacato, cortese e misurato, evitando l'uso di linguaggio offensivo o aggressivo. Inoltre, è importante che i diplomatici evitino di fare commenti o fare domande indiscrete sulle questioni interne o delicate del Paese ospitante.

Durante gli incontri, è fondamentale prestare attenzione alle convenzioni culturali, come le modalità di saluto, gli abbracci o i gesti di affetto, che possono variare significativamente da una cultura all'altra. Ad esempio, nell'Europa occidentale è comune dare una stretta di mano come saluto, mentre in alcune culture orientali come la Cina è considerato più appropriato un leggero inchino. Conoscere e rispettare queste differenze culturali è fondamentale per evitare malintesi o offendere gli interlocutori.

Il vestiario è un altro aspetto importante da considerare. Durante le visite ufficiali o le cerimonie, i diplomatici devono indossare abiti formali e rigorosi, in linea con l'etichetta. Le donne possono optare per un abito o un tailleur scuro, mentre gli uomini dovrebbero indossare un abito con cravatta o un'uniforme militare adeguata al proprio grado. È fondamentale prestare attenzione all'abbigliamento per evitare di apparire troppo casual o inappropriato per l'occasione.

Utilizzo delle bandiere

Nella diplomazia, le bandiere svolgono un ruolo importante come simboli di rappresentanza nazionale. Durante le visite ufficiali, è consuetudine esporre la bandiera del Paese ospite e quella del Paese rappresentato in luoghi pubblici o in prossimità dei luoghi delle cerimonie. È importante mostrare rispetto e curare l'aspetto delle bandiere, evitando di piegarle, strapparle o mostrarne una versione sbiadita.

Incontri ufficiali e cerimonie

Gli incontri ufficiali e le cerimonie sono momenti delicati in cui i protocolli diplomatici devono essere seguiti con attenzione. Durante una visita di Stato di un capo di Stato straniero, ad esempio, si devono seguire precise regole di accoglienza e cerimonie formali. È consuetudine che il capo di Stato estero venga accolto con onori militari, durante i quali vengono suonati gli inni nazionali di entrambi i Paesi.

Durante la visita ufficiale, il diplomatico ospite potrebbe partecipare a una cerimonia di scambio di doni o firmare accordi bilaterali. In questi casi, è fondamentale rispettare le regole dell'etichetta sulla presentazione dei doni o sulla firma dei documenti, tenendo presente che questi gesti hanno un forte valore simbolico e possono influenzare le relazioni tra i Paesi.

Conclusioni

In conclusione, conoscere e rispettare le norme e i protocolli diplomatici è fondamentale per evitare gaffes o comportamenti inappropriati. Essi costituiscono le regole che governano le interazioni tra i rappresentanti diplomatici di differenti Paesi e sono fondamentali per il mantenimento di relazioni pacifiche e

reciproco rispetto tra le nazioni. La
conoscenza di tali protocolli contribuisce
quindi a una pratica diplomatica corretta ed
efficace, favorendo il dialogo e la
cooperazione internazionale.

16.Essere in grado di rappresentare coerentemente un gruppo di persone o la propria nazione e i propri interessi.

Essere in grado di rappresentare coerentemente un gruppo di persone o la propria nazione e i propri interessi è un compito complesso e di grande responsabilità. Rappresentare un gruppo, che sia una comunità locale, un'organizzazione, o addirittura un'intera nazione, richiede una profonda comprensione delle esigenze, dei valori e degli obiettivi di tale gruppo, nonché la capacità di comunicare efficacemente i propri interessi in un contesto più ampio.

Per rappresentare coerentemente un gruppo di persone è fondamentale sviluppare una visione condivisa, che coinvolga tutti i membri del gruppo. Questo significa ascoltare attentamente le esigenze e le preoccupazioni di ognuno, cercando di raggiungere un consenso sui valori fondamentali e gli obiettivi comuni. Inoltre, è importante prendere in considerazione le prospettive di gruppi diversi all'interno della comunità, cercando di rappresentare al meglio le loro esigenze e interessi.

Una volta sviluppata una visione condivisa, è fondamentale comunicare in modo efficace i propri punti di vista e le proposte del gruppo. In questo contesto, un ruolo cruciale è svolto dalle competenze comunicative e persuasive. Un rappresentante deve essere in grado di esprimere le idee chiaramente e in modo convincente, adattando il proprio linguaggio e il proprio tono alle diverse situazioni e ai diversi interlocutori. La capacità di ascolto attivo è altrettanto fondamentale, poiché solo attraverso una vera comprensione degli altri è possibile costruire ponti e raggiungere compromessi.

Un altro aspetto importante nella rappresentanza coerente di un gruppo di persone è la capacità di prendere decisioni basate sull'interesse collettivo. Ciò richiede una grande responsabilità e un impegno verso il bene comune. Un rappresentante non può permettersi di agire esclusivamente in base ai propri interessi personali o alle pressioni degli altri, ma deve essere guidato dalla volontà di promuovere il benessere del gruppo nel suo complesso.

La rappresentanza coerente può anche estendersi alla sfera nazionale. In questo caso, la complessità aumenta ulteriormente, poiché è necessario tener conto di una molteplicità di interessi e di una grande varietà di voci. Rappresentare un'intera nazione richiede una profonda comprensione delle sue dinamiche socio-economiche, nonché delle questioni culturali e politiche che la caratterizzano. È necessario avere una visione d'insieme e allo stesso tempo essere in grado di ascoltare attentamente le diverse prospettive, cercando di trovare il giusto equilibrio tra le esigenze di tutti.

Essere in grado di rappresentare

coerentemente un gruppo di persone o la propria nazione e i propri interessi richiede anche una grande integrità personale. Un rappresentante deve agire con onestà, trasparenza e coerenza, mantenendo la propria parola e svolgendo il proprio compito con la massima dedizione e responsabilità. La fiducia del gruppo o della nazione nei confronti del proprio rappresentante deriva da queste caratteristiche.

In conclusione, la rappresentanza coerente di un gruppo di persone o di una nazione richiede una profonda comprensione dei valori e degli interessi di tale gruppo, nonché la capacità di comunicare efficacemente e di prendere decisioni per il bene comune. Un rappresentante deve essere in grado di ascoltare e di comprendere le diverse prospettive, cercando di trovare compromessi e di promuovere un dialogo costruttivo. La fiducia e l'integrità sono elementi fondamentali di un rappresentante coerente, che agisce nel migliore interesse del gruppo o della nazione che rappresenta.

17.Essere in grado di gestire la burocrazia e i processi interni di approvazione

Nella complessa realtà burocratica in cui viviamo, la capacità di gestire la burocrazia e i processi interni di approvazione è diventata un'abilità fondamentale per qualsiasi individuo o organizzazione. Questo aspetto non riguarda solamente il settore pubblico, ma coinvolge anche il settore privato e le imprese, che devono affrontare regole, normative e procedure interne per ottenere l'approvazione necessaria per svolgere le attività quotidiane.

La burocrazia è comunemente percepita come un intricato labirinto di normative amministrative, regolamenti e passaggi burocratici che spesso sembrano non avere una logica o una finalità chiara. Essere in grado di gestire questo sistema significa essere in grado di comprendere le complessità delle leggi e dei regolamenti pertinenti al proprio campo di attività, sapere come navigare tra i numerosi uffici e funzionari e conoscere le procedure specifiche per ottenere le autorizzazioni necessarie.

Una delle sfide principali nella gestione della burocrazia e dei processi interni di approvazione è il tempo che viene richiesto. Spesso ci vuole molto tempo per raccogliere tutta la documentazione necessaria, compilare i moduli, presentare le richieste e attendere l'approvazione. Questo può causare ritardi, problemi finanziari o perfino la sospensione delle attività. Pertanto, essere in grado di gestire efficientemente i processi burocratici e di approvazione è una competenza essenziale per garantire il successo e la sostenibilità delle imprese e delle organizzazioni.

Una delle strategie chiave per gestire la burocrazia è sviluppare una conoscenza approfondita delle leggi e dei regolamenti che si applicano alla propria attività. Questo richiede uno studio accurato e costante delle normative e delle disposizioni legislative, che possono variare a seconda del settore e della regione in cui si opera. Ad esempio, nel settore sanitario è necessario conoscere le norme riguardanti la sicurezza dei pazienti, la privacy dei dati e l'accreditamento. Nel settore alimentare bisogna essere a conoscenza delle norme igieniche e delle procedure di controllo di qualità. Una corretta comprensione delle leggi pertinenti consente di evitare errori costosi e di rispettare le norme in vigore.

Oltre a conoscere la normativa, è fondamentale essere in grado di navigare tra le varie istituzioni e uffici pubblici coinvolti nel processo di approvazione. Questo richiede una buona conoscenza delle strutture amministrative e delle gerarchie, nonché delle procedure per la presentazione delle domande, la compilazione dei moduli e la raccolta della documentazione richiesta. In alcune situazioni, potrebbe essere necessario coinvolgere un consulente o un avvocato specializzato per garantire che tutte le pratiche burocratiche siano corrette e valide.

Un altro aspetto critico nella gestione della burocrazia e dei processi interni di approvazione è la comunicazione efficace con i vari uffici e funzionari interessati. Spesso, il processo di approvazione coinvolge diverse persone e reparti, ognuno dei quali ha i propri protocolli e tempi di risposta. Comunicare in modo chiaro e preciso le proprie esigenze e aspettative è fondamentale per garantire che i documenti e le richieste siano trattate in modo tempestivo ed efficiente. Inoltre, essere in grado di negoziare e risolvere eventuali problemi o disaccordi con gli uffici pubblici può facilitare il processo di approvazione e ridurre gli ostacoli burocratici.

Infine, la gestione della burocrazia e dei processi interni di approvazione richiede una pianificazione strategica. È importante essere in grado di prevedere i tempi e i costi associati ai diversi processi burocratici e di approvazione, al fine di pianificare adeguatamente le attività e le risorse necessarie. Una corretta pianificazione può contribuire a evitare inutili ritardi o interruzioni delle attività, fornendo un quadro chiaro delle fasi e dei passaggi necessari per raggiungere gli obiettivi prefissati.

Essere in grado di gestire la burocrazia e i processi interni di approvazione è una competenza chiave per qualsiasi individuo o organizzazione che desidera operare con successo nel contesto attuale. Richiede una conoscenza approfondita delle leggi e dei regolamenti, una buona comprensione delle strutture amministrative e dei protocolli di comunicazione, nonché una pianificazione strategica. Nonostante le difficoltà e le sfide insite nella burocrazia, con le giuste competenze è possibile navigare in questo intricato sistema e ottenere le approvazioni necessarie per svolgere le proprie attività in modo efficace ed efficiente.

18. Avere una conoscenza approfondita del diritto internazionale e dei trattati internazionali

Il diritto internazionale e i trattati internazionali sono elementi fondamentali della convivenza globale. Avere una conoscenza approfondita di questi argomenti non solo è essenziale per gli studiosi di legge e gli avvocati specializzati in diritto internazionale, ma può essere utile per tutti coloro che sono interessati alle relazioni internazionali e al ruolo delle nazioni nella comunità globale.

Iniziamo definendo il diritto internazionale. Si tratta di un corpo di norme e regole che governa le relazioni tra gli Stati e altre entità internazionali. Questo ramo del diritto, noto anche come diritto delle nazioni, è basato su consensi generalmente accettati tra gli Stati e può essere vincolante o non vincolante.

Una delle principali fonti del diritto internazionale è rappresentata dai trattati internazionali. Un trattato internazionale è un accordo formale tra due o più Stati, o tra uno Stato e un'organizzazione internazionale, che stabilisce diritti e obblighi legati a determinate questioni di interesse comune. I trattati possono coprire una vasta gamma di argomenti, dai diritti umani alla protezione dell'ambiente, dal commercio internazionale alla cooperazione militare.

L'importanza di avere una conoscenza approfondita del diritto internazionale e dei trattati internazionali risiede nel fatto che questi sono gli strumenti principali per risolvere i conflitti tra gli Stati e garantire la stabilità e la cooperazione tra le nazioni. Il diritto internazionale fornisce un quadro giuridico che stabilisce le basi per la convivenza pacifica tra gli Stati e protegge i diritti umani fondamentali.

La conoscenza approfondita del diritto

internazionale e dei trattati internazionali consente di comprendere e interpretare i principi e le norme che regolano le relazioni internazionali. Permette di identificare le responsabilità degli Stati e le modalità di risoluzione delle controversie tra di essi. Inoltre, una conoscenza approfondita dei trattati internazionali aiuta ad applicarli correttamente nel contesto delle negoziazioni e degli accordi che coinvolgono diverse parti.

Ad esempio, un avvocato specializzato in diritto internazionale può utilizzare la sua conoscenza dei trattati internazionali per rappresentare un cliente coinvolto in una disputa internazionale. Saprebbe come fare riferimento ai trattati e alle norme giuridiche pertinenti per sostenere la sua posizione. Inoltre, un diplomatico che partecipa a negoziati internazionali può utilizzare la sua conoscenza dei trattati per identificare le opportune proposte e soluzioni al fine di raggiungere un accordo tra le diverse parti coinvolte.

Ma la conoscenza del diritto internazionale e dei trattati internazionali non riguarda solo gli avvocati e i diplomatici. È importante per chiunque sia interessato alle relazioni internazionali, all'attività umanitaria, all'ambiente globale e alla promozione dei diritti umani. Essere consapevoli delle norme e dei principi del diritto internazionale consente di comprendere meglio le situazioni e le dinamiche globali e di partecipare attivamente alla costruzione di un mondo più giusto e pacifico.

Un altro aspetto importante della conoscenza del diritto internazionale e dei trattati internazionali riguarda l'evoluzione e l'interpretazione di queste norme nel corso del tempo. Le leggi e i trattati internazionali possono essere soggetti ad interpretazioni diverse e possono essere soggetti a modifiche o emendamenti. Pertanto, è importante mantenere aggiornata la propria conoscenza del diritto internazionale per essere in grado di capire le nuove sfide e le nuove opportunità che si presentano nella comunità internazionale.

La conoscenza approfondita del diritto internazionale e dei trattati internazionali richiede studio e dedizione. È necessario essere a conoscenza della legislazione internazionale e degli organi internazionali che ne sono responsabili, come le Nazioni Unite, la Corte Internazionale di Giustizia e l'Organizzazione Mondiale del Commercio. Inoltre, è importante leggere e analizzare i diversi trattati internazionali e le loro implicazioni legali.

In conclusione, avere una conoscenza approfondita del diritto internazionale e dei trattati internazionali è fondamentale per comprendere e operare nel contesto globale. Questa conoscenza offre una base solida per affrontare le relazioni internazionali, risolvere le controversie tra gli Stati e promuovere i diritti umani e la giustizia globale. Attraverso lo studio e l'applicazione del diritto internazionale e dei trattati internazionali, possiamo contribuire alla costruzione di un mondo più pacifico, equo e sostenibile.

19.Mantenere una rigorosa riservatezza e confidenzialità nelle questioni diplomatiche sensibili.

Nel contesto delle relazioni internazionali, mantenere una rigorosa riservatezza e confidenzialità nelle questioni diplomatiche sensibili riveste un ruolo di fondamentale importanza. La diplomazia è l'arte di condurre negoziati e trattative tra nazioni per il raggiungimento di obiettivi comuni, ma questo processo richiede un delicato equilibrio tra la trasparenza necessaria per raggiungere una piena comprensione e l'esigenza di mantenere riservatezza in determinate situazioni.

Sin dai tempi antichi, la riservatezza è stata considerata un principio basilare nell'ambito delle relazioni diplomatiche. I diplomatici, in qualità di rappresentanti ufficiali di uno Stato, devono essere in grado di mantenere un'atmosfera riservata che permetta loro di discutere apertamente e in modo sincero questioni complesse e delicate senza timore di una diffusione non autorizzata delle informazioni. La riservatezza consente anche alle parti coinvolte di esplorare diverse opzioni e soluzioni potenziali senza rischiare ripercussioni immediate sulla scena internazionale.

Una delle ragioni per cui la riservatezza è così cruciale è che, nelle questioni di politica estera, le nazioni sono spesso coinvolte in discussioni su questioni molto sensibili che riguardano interessi nazionali, sicurezza, strategie militari o altre questioni delicate. Questi argomenti richiedono la massima prudenza per evitare situazioni di tensione o conflitti che potrebbero compromettere relazioni bilaterali o multilaterali.

La riservatezza diplomatica è ampiamente riconosciuta a livello internazionale e ci sono norme e convenzioni che regolamentano il modo in cui gli Stati devono trattare le informazioni sensibili. Ad esempio, la

Convenzione di Vienna del 1961 sulle relazioni diplomatiche stabilisce chiaramente che i diplomatici devono rispettare la riservatezza delle informazioni ricevute nel corso delle loro funzioni ufficiali. Ciò significa che i diplomatici devono astenersi dal divulgare informazioni riservate o utilizzarle per fini diversi da quelli per cui sono state scambiate.

Oltre all'aspetto legale, il mantenimento della riservatezza nelle questioni diplomatiche sensibili contribuisce a costruire fiducia reciproca tra gli Stati. Quando le nazioni si impegnano a rispettare la riservatezza, dimostrano la loro volontà di proteggere gli interessi e le preoccupazioni delle altre parti coinvolte nel negoziato o nella trattativa. Questa fiducia reciproca è fondamentale per costruire relazioni solide e durature basate sulla lealtà e sulla collaborazione.

La riservatezza nella diplomazia riguarda anche la discrezione nel trattare le informazioni personali o i dati sensibili delle persone coinvolte. Ad esempio, i diplomatici devono essere attenti nel proteggere le informazioni personali dei cittadini sia del proprio Stato che dello Stato ospite. Questo perché la diffusione non autorizzata di tali informazioni potrebbe causare gravi ripercussioni per gli individui coinvolti o per i rapporti tra i due paesi.

Per mantenere un livello adeguato di riservatezza nelle questioni diplomatiche sensibili, è necessario adottare misure adeguate di protezione delle informazioni. Questo può includere l'uso di metodi crittografici o sicuri per la trasmissione e l'archiviazione di documenti, l'addestramento del personale diplomatico sulla cultura della riservatezza e l'implementazione di procedure interne per garantire che le informazioni sensibili siano accessibili solo a coloro che ne hanno bisogno.

Mantenere una rigorosa riservatezza e

confidenzialità nelle questioni diplomatiche sensibili è di vitale importanza per il successo delle relazioni internazionali. Questo principio permette alle nazioni di affrontare in modo aperto e sincero le questioni complesse senza compromettere la sicurezza o gli interessi nazionali. La riservatezza contribuisce inoltre a creare un clima di fiducia reciproca e a proteggere la privacy delle persone coinvolte.

20.Sapersi adattare ai cambiamenti generali della vita o politici e ai nuovi contesti diplomatici

La capacità di adattarsi ai cambiamenti generali della vita o politici e ai nuovi contesti diplomatici è un aspetto fondamentale per il successo e la realizzazione personale. Nel corso della vita, siamo costantemente esposti a cambiamenti che possono influenzare profondamente la nostra esistenza, sia a livello personale che collettivo. Essere in grado di affrontare queste sfide con flessibilità e apertura mentale è la chiave per mantenere un equilibrio e progredire.

I cambiamenti generali della vita possono manifestarsi in molte forme diverse. Possono includere eventi personali come la perdita di una persona cara, la disoccupazione o il cambio di residenza. Inoltre, possono riguardare situazioni globali come cambiamenti politici, economici o sociali che ci colpiscono come membri di una società.

Indipendentemente dal tipo di cambiamento
che affrontiamo, ciò che conta veramente è
come reagiamo.

Per sapersi adattare ai cambiamenti generali
della vita, è fondamentale avere una buona
dose di flessibilità mentale. Questo significa
essere disposti a modificare il nostro modo di
pensare e di agire in base alle nuove
circostanze. Spesso, un atteggiamento aperto e
curioso ci consente di affrontare i
cambiamenti con maggiore facilità, cercando
di trarne insegnamenti e opportunità. Inoltre,
la capacità di adattarsi richiede anche una
buona dose di resilienza, ovvero la capacità di
superare le difficoltà e reagire in modo
positivo alle avversità.

Il sapersi adattare ai cambiamenti politici è
particolarmente importante in un mondo in cui
le dinamiche geopolitiche si muovono
rapidamente. I cambiamenti politici possono
verificarsi a livello nazionale o internazionale
e possono avere conseguenze significative

sulla vita quotidiana delle persone e sulle dinamiche di cooperazione tra paesi. In tali circostanze, è fondamentale essere in grado di comprendere e adattarsi ai nuovi contesti politici.

L'adattabilità ai nuovi contesti diplomatici è un aspetto cruciale per gli operatori diplomatici o per coloro che lavorano nel campo delle relazioni internazionali. A seconda del ruolo e del paese di appartenenza, un diplomatico può essere chiamato a lavorare in ambienti culturalmente diversi, in contesti politici complessi o in situazioni di crisi. La capacità di adattarsi a tali contesti richiede una buona conoscenza delle dinamiche diplomatiche a livello internazionale, ma anche la capacità di comprendere le differenze culturali e di relazionarsi con persone provenienti da background diversi.

Un diplomatico che si adatta ai nuovi contesti diplomatici deve essere in grado di apprendere velocemente, di adattarsi a nuove norme e di sviluppare soluzioni creative per affrontare situazioni complesse. A volte, la lealtà al proprio paese può entrare in conflitto con lo sforzo di costruire rapporti di fiducia con amici e alleati stranieri. In tali casi, l'adattabilità richiede anche una certa capacità di negoziazione e un approccio diplomatico per dirimere le tensioni e favorire il dialogo costruttivo.

Tuttavia, sapersi adattare ai cambiamenti politici o ai nuovi contesti diplomatici non riguarda solo gli operatori diplomatici o coloro che lavorano nelle relazioni internazionali. Questa capacità è fondamentale per tutti noi, poiché viviamo in un mondo globalizzato in cui le relazioni interpersonali e interculturali sono sempre più comuni.

Il sapersi adattare ci consente di allargare i nostri orizzonti, di imparare dai diversi punti di vista e di trarre il meglio da ogni situazione. Inoltre, ci aiuta a superare pregiudizi e stereotipi, promuovendo una maggiore comprensione reciproca e una costruzione di relazioni più solide e sostenibili.

Per sviluppare questa capacità di adattarsi, è importante nutrire un atteggiamento di apertura e curiosità verso il mondo che ci circonda. Dobbiamo essere disposti ad ascoltare e imparare dagli altri, abbracciando la diversità come una risorsa e non come una minaccia. Inoltre, la lettura e l'educazione sono strumenti fondamentali per ampliare la nostra conoscenza del mondo e delle sue complessità.

Infine, è importante ricordare che sapersi adattare ai cambiamenti generali della vita o politici e ai nuovi contesti diplomatici non è un processo immediato. Richiede tempo, pazienza e pratica costante. Tuttavia, investire nella nostra capacità di adattamento ci permette di affrontare le sfide della vita con maggiore serenità e fiducia, contribuendo così alla nostra realizzazione personale e al benessere collettivo.

21.Essere in grado di identificare e sfruttare opportunità contesti diplomatici e di partenariato

Essere in grado di identificare e sfruttare opportunità contesti diplomatici e di partenariato

Introduzione

Gli scenari globali di oggi richiedono una solida conoscenza delle dinamiche diplomatiche e la capacità di sfruttare appieno le opportunità offerte dai contesti diplomatici e di partenariato. Queste competenze diventano sempre più rilevanti nel contesto delle relazioni internazionali, caratterizzate da una crescente interdipendenza tra i paesi e la necessità di collaborazione per affrontare sfide comuni come i cambiamenti climatici, la sicurezza internazionale e la gestione delle pandemie. Questo articolo esplorerà come essere in grado di identificare e sfruttare queste opportunità nei contesti diplomatici e di partenariato.

Capacità di identificare opportunità diplomatiche

Per essere in grado di identificare opportunità diplomatiche, è fondamentale avere una solida comprensione delle relazioni internazionali, dei sistemi politici e delle dinamiche tra gli stati. Ciò richiede un'ampia conoscenza della storia e della cultura dei vari paesi ed essere aggiornati sulle attuali questioni globali.

Una delle strategie chiave per identificare opportunità diplomatiche è la creazione di reti di contatti in ambito diplomatico. Partecipare ad eventi internazionali, conferenze, forum e incontri diplomatici può offrire l'opportunità di stabilire contatti con rappresentanti diplomatici, esperti e leader politici. Questi contatti possono fornire informazioni privilegiate sulle dinamiche globali e aprire la

strada a partnership e opportunità
diplomatiche.

Inoltre, è importante monitorare i media
internazionali per identificare le dinamiche
emergenti e le opportunità che potrebbero
presentarsi. Seguire attentamente i discorsi dei
leader politici e delle organizzazioni
internazionali può offrire importanti indizi su
possibili aree di collaborazione e partenariato.
Inoltre, è fondamentale mantenere una mente
aperta e adattabile per cogliere le opportunità
che potrebbero presentarsi improvvisamente.

Capacità di sfruttare opportunità diplomatiche

Sfruttare le opportunità diplomatiche richiede
competenze di negoziazione, leadership e
comunicazione efficace. Quando
un'opportunità si presenta, è fondamentale
agire tempestivamente e adottare una strategia
appropriata per massimizzare i risultati.

La capacità di negoziare è una componente chiave nell'approfittare delle opportunità diplomatiche. Devi essere in grado di comprendere le esigenze e gli interessi delle controparti, identificare le aree di convergenza e trovare soluzioni che soddisfino entrambe le parti coinvolte. Negoziare con sensibilità culturale è altrettanto importante, poiché le differenze culturali possono influenzare il modo in cui vengono affrontati i negoziati.

La leadership è un'altra competenza essenziale per trarre vantaggio dalle opportunità diplomatiche. Deve essere in grado di creare e gestire alleanze internazionali che possano sostenere gli obiettivi comuni. Ciò richiede la capacità di ispirare fiducia, gestire conflitti e incoraggiare i partner a lavorare insieme per il raggiungimento di un obiettivo comune.

La comunicazione efficace è fondamentale per sfruttare le opportunità diplomatiche. Devi essere in grado di comunicare in modo chiaro e persuasivo i vantaggi di una partnership o di una collaborazione. La comunicazione non verbale, come il linguaggio del corpo e la gestione delle emozioni, è altrettanto importante nelle interazioni diplomatiche, poiché può influenzare il modo in cui le tue proposte vengono percepite.

Contesti di partenariato diplomatico

I partenariati diplomatici sono un mezzo efficace per affrontare sfide globali complesse e affrontare questioni di interesse condiviso. Essere in grado di sfruttare queste opportunità richiede una comprensione approfondita delle dinamiche di partenariato e di come funzionano i meccanismi di cooperazione multilaterale.

Le organizzazioni internazionali, come le Nazioni Unite, l'Unione Europea, l'Organizzazione Mondiale del Commercio e l'Organizzazione Mondiale della Sanità, sono importanti contesti di partenariato diplomatico. Queste organizzazioni facilitano la cooperazione tra gli stati membri, consentendo loro di unire le forze per affrontare sfide comuni come l'assistenza umanitaria, la promozione dei diritti umani e la gestione delle crisi globali. Essere in grado di identificare le opportunità all'interno di queste organizzazioni e di sfruttarle a proprio vantaggio richiede una conoscenza approfondita delle loro strutture, dei loro obiettivi e dei loro processi decisionali.

Inoltre, i partenariati bilaterali tra i paesi offrono opportunità di collaborazione su questioni specifiche. Questi partenariati possono riguardare settori come l'economia, l'istruzione, la ricerca scientifica e la sicurezza. Essere in grado di identificare gli interessi comuni e di negoziare accordi di partenariato vantaggiosi richiede competenze diplomatiche avanzate.

Essere in grado di identificare e sfruttare opportunità nei contesti diplomatici e di partenariato è una competenza cruciale per coloro che intendono impegnarsi nelle relazioni internazionali. Richiede una solida comprensione delle relazioni internazionali, delle dinamiche politiche globali e della negoziazione strategica. Inoltre, richiede competenze di leadership e comunicazione efficace per sfruttare queste opportunità e creare partenariati duraturi e vantaggiosi. Con la crescita della globalizzazione e l'interdipendenza tra i paesi, la capacità di identificare e sfruttare opportunità nei contesti diplomatici e di partenariato diventa sempre più importante per affrontare le sfide globali e promuovere la pace e la prosperità.

22.Essere in grado di promuovere e difendere i valori fondamentali come i diritti

I diritti umani rappresentano i principi fondamentali che tutelano la dignità e la libertà di ogni individuo, indipendentemente dalla sua origine, razza, religione, genere o orientamento sessuale. Essi includono il diritto alla vita, all'uguaglianza, alla libertà di pensiero, di espressione, di religione, il diritto all'istruzione, alla salute e alla giustizia.

Promuovere e difendere questi valori significa non solo comprendere l'importanza dei diritti umani, ma anche agire attivamente per garantire che siano rispettati e difesi in ogni contesto, sia a livello nazionale che internazionale. Si tratta di un impegno che coinvolge tutti i settori della società, dal governo alle organizzazioni della società civile, dai cittadini comuni alle istituzioni educative.

Una delle sfide principali nel promuovere e difendere i diritti umani è la loro applicazione universale. Nonostante l'esistenza di documenti come la Dichiarazione Universale dei Diritti Umani adottata nel 1948 dall'Assemblea Generale delle Nazioni Unite, molti paesi ancora violano questi diritti in maniera sistematica. La promozione e la difesa dei diritti umani richiedono quindi un impegno costante e vigoroso da parte di tutti gli attori coinvolti.

Per promuovere e difendere i diritti umani, è fondamentale innanzitutto informare e sensibilizzare la popolazione su questi temi. L'educazione sui diritti umani dovrebbe essere parte integrante dei programmi scolastici, offrendo agli studenti una conoscenza approfondita dei principi fondamentali e degli strumenti legali per tutelarli. Inoltre, la sensibilizzazione pubblica attraverso campagne di informazione e manifestazioni può contribuire a creare un clima favorevole al rispetto e alla promozione dei diritti umani.

Un altro aspetto cruciale nella promozione dei diritti umani è la collaborazione tra gli stati e le organizzazioni internazionali. I trattati e le convenzioni internazionali sui diritti umani forniscono orientamenti e standard per i paesi, che dovrebbero impegnarsi a conformarsi e a ratificare tali accordi. È fondamentale anche il lavoro delle organizzazioni non governative che monitorano e denunciano le violazioni dei diritti umani, offrendo supporto alle vittime e promuovendo la responsabilità dei responsabili.

Ma promuovere e difendere i diritti umani significa anche agire sulle cause profonde delle violazioni. Queste possono essere legate alla povertà, all'insicurezza, alla mancanza di accesso all'istruzione o alla salute, alla discriminazione di genere, all'intolleranza religiosa o all'omofobia. È quindi necessario adottare politiche volte a garantire equità, inclusione e sviluppo sostenibile, promuovendo un'economia equa e giusta, garantendo l'accesso a servizi essenziali come l'istruzione e la sanità e combattendo la discriminazione in tutte le sue forme.

Un altro aspetto importante nella promozione dei diritti umani è la protezione dei difensori dei diritti umani stessi. Queste persone coraggiose e dedite alla causa dei diritti umani spesso affrontano minacce, intimidazioni e persecuzioni. È necessario proteggerli e garantire che possano svolgere il loro lavoro senza ostacoli, garantendo un ambiente sicuro e favorevole per il loro operato. La loro voce e il loro impegno sono fondamentali per portare avanti la lotta per i diritti umani.

Infine, affinché la promozione e la difesa dei diritti umani siano efficaci, è essenziale che tutti gli individui si sentano coinvolti e siano responsabili nell'agire per il rispetto dei diritti umani. Significa che ognuno di noi, nella propria vita quotidiana, dovrebbe agire in modo coerente con i principi dei diritti umani, rispettando la dignità e i diritti di ogni persona che incontriamo. Questo può essere fatto attraverso piccole azioni come il rispetto delle opinioni altrui, il rifiuto della violenza, il sostegno delle persone emarginate o discriminati e la promozione dell'uguaglianza.

Essere in grado di promuovere e difendere i valori fondamentali come i diritti umani è un compito cruciale per la costruzione di una società equa e progressista. Richiede un impegno costante e vigoroso da parte di tutti gli attori coinvolti, dai governi alle organizzazioni della società civile, ai singoli cittadini. Ma solo attraverso un impegno condiviso e un lavoro congiunto sarà possibile garantire che i diritti umani siano rispettati e difesi in tutto il mondo.

23. Avere una conoscenza approfondita delle strategie di soft power per influenzare i comportamenti degli attori internazionali

L'influenza è una delle dinamiche più rilevanti nelle relazioni internazionali. Gli Stati, le organizzazioni internazionali, le imprese e altri attori non statali cercano continuamente di creare un ambiente favorevole ai propri interessi e obiettivi. Tra gli strumenti utilizzati per influenzare le relazioni internazionali, il soft power rappresenta una componente fondamentale.

Il concetto di soft power è stato introdotto per la prima volta nel 1990 dallo studioso di relazioni internazionali Joseph Nye e si riferisce alla capacità di influenzare i comportamenti degli altri attraverso l'attrazione e la persuasione. A differenza del hard power, che si basa sulla minaccia o l'uso della forza militare, il soft power mira ad ottenere il consenso degli attori internazionali tramite la promozione di valori, idee, cultura e politiche.

Per avere una conoscenza approfondita delle strategie di soft power è essenziale comprendere i suoi tre elementi principali: la cultura, l'ideologia e l'integrazione normativa. La cultura si riferisce ai valori, alle tradizioni, alla lingua e ad altri aspetti caratteristici di una società. L'ideologia è il sistema di credenze, norme e principi che guidano il comportamento di un paese o di un'organizzazione. Infine, l'integrazione normativa si riferisce alla capacità di un attore di stabilire regole internazionali e norme accettate dagli altri.

Uno degli strumenti più efficaci per esercitare il soft power è la diplomazia culturale. Attraverso la promozione della propria cultura, un paese può influenzare l'immagine che gli altri hanno di esso e creare un senso di familiarità e approvazione. Ad esempio, la diffusione di film, musica e moda può contribuire a diffondere l'immagine di un paese come moderno, creativo e attraente a livello internazionale. Inoltre, la promozione della lingua e l'offerta di borse di studio possono rafforzare l'attrazione per il paese da parte di studenti e ricercatori stranieri.

Un altro strumento di soft power molto utilizzato è la cooperazione economica. Gli investimenti diretti esteri, gli aiuti allo sviluppo e la partecipazione a organizzazioni internazionali permettono ai paesi di esercitare una certa influenza sull'agenda politica internazionale. Ad esempio, i paesi che offrono aiuti allo sviluppo possono condizionare la politica interna di uno Stato beneficiario e promuovere l'adozione di politiche favorevoli ai propri interessi.

La diplomazia pubblica è un'altra forma di soft power che mira ad influenzare l'opinione pubblica internazionale attraverso la comunicazione. Gli Stati e le organizzazioni internazionali utilizzano strumenti come i social media, i canali televisivi internazionali e il sostegno a organizzazioni della società civile per promuovere determinate idee, valori e politiche. Questa strategia mira a convincere l'opinione pubblica internazionale ad aderire a una determinata agenda politica o a sostenere un particolare gruppo di attori.

Inoltre, l'istituzione di reti internazionali e il coinvolgimento in organizzazioni internazionali rappresentano un'altra strategia per esercitare il soft power. I paesi o le organizzazioni che partecipano a organizzazioni internazionali possono influenzare le politiche e le decisioni prese a livello globale, promuovendo i propri interessi e valori. La partecipazione in tali organizzazioni consente ai paesi di ottenere supporto per le proprie iniziative e di esercitare un ruolo di leadership nelle decisioni internazionali.

Infine, una strategia di soft power efficace richiede una coerente e chiara politica interna. Se un paese promuove valori e politiche che contrastano con le proprie azioni interne, la sua credibilità e influenza rischiano di essere compromesse. È quindi importante che gli attori che utilizzano il soft power si impegnino per un'effettiva applicazione dei valori e principi che promuovono a livello internazionale.

L'avere una conoscenza approfondita delle strategie di soft power è fondamentale per influenzare i comportamenti degli attori internazionali. Attraverso strumenti come la diplomazia culturale, la cooperazione economica, la diplomazia pubblica e la partecipazione a organizzazioni internazionali, gli attori internazionali possono promuovere valori, politiche e interessi, creando così un ambiente favorevole ai propri obiettivi. Tuttavia, è importante che tali strategie siano supportate da politiche interne coerenti per garantire la credibilità e l'efficacia dell'influenza esercitata.

24.Essere in grado di sviluppare e attuare politiche estere efficaci

Essere in grado di sviluppare e attuare politiche estere efficaci è un elemento fondamentale per i governi e le nazioni. Le politiche estere sono gli strumenti attraverso i quali uno stato interagisce e si relaziona con gli altri attori internazionali, come altri stati, organizzazioni internazionali e attori non statali come le multinazionali.

Perché le politiche estere siano efficaci, è necessario che siano sviluppate in modo strategico e coerente. Ciò richiede una comprensione approfondita dei propri interessi e obiettivi a livello nazionale, nonché delle dinamiche internazionali in cui uno stato opera. Ci sono diversi elementi che contribuiscono a una politica estera efficace, tra cui una chiara visione e obiettivi, un'analisi approfondita delle relazioni internazionali, una pianificazione strategica e l'utilizzo di strumenti appropriati per raggiungere gli obiettivi stabiliti.

In primo luogo, una politica estera efficace richiede una chiara visione e obiettivi. Uno stato deve stabilire i suoi interessi e valori fondamentali e definire gli obiettivi che intende perseguire attraverso la sua presenza e azione internazionale. Questo richiede un processo decisionale trasparente e partecipativo che coinvolga gli attori chiave all'interno di un governo, come il Presidente, il Ministro degli Esteri e altri responsabili delle politiche estere. Questa visione e gli obiettivi dovrebbero essere adattati alle sfide e alle opportunità presenti nel contesto internazionale.

In secondo luogo, una politica estera efficace richiede un'analisi approfondita delle relazioni internazionali. Uno stato deve comprendere le dinamiche regionali e globali in modo da poter agire in modo coerente e coerente con gli altri attori internazionali. Questo richiede una valutazione accurata delle minacce e delle opportunità, nonché una comprensione delle posizioni, delle politiche e degli interessi degli altri attori internazionali. Solo attraverso questa conoscenza approfondita, uno stato sarà in grado di sviluppare e attuare strategie mirate e realizzabili.

In terzo luogo, una politica estera efficace richiede una pianificazione strategica. Questo implica la definizione delle azioni e delle misure necessarie per raggiungere gli obiettivi stabiliti. Una pianificazione strategica deve considerare le risorse disponibili, tra cui finanziamenti, personale diplomatico e altri strumenti di potere. Inoltre, dovrebbe tenere conto degli aspetti temporali, poiché le politiche estere devono essere adattate alle mutevoli dinamiche internazionali. Una pianificazione strategica efficace richiede anche la definizione di indicatori di successo per valutare i progressi e apportare modifiche o miglioramenti.

Infine, una politica estera efficace richiede

l'utilizzo di strumenti appropriati per raggiungere gli obiettivi stabiliti. Uno stato può fare affidamento su una vasta gamma di strumenti, tra cui la diplomazia, la cooperazione economica, la diplomazia pubblica e, se necessario, l'uso della forza. Tuttavia, l'uso di strumenti deve essere coerente con gli obiettivi strategici e gli interessi nazionali. Inoltre, uno stato dovrebbe cercare di creare sinergie e coalizioni con altri attori internazionali per massimizzare l'efficacia delle sue politiche estere.

In sintesi, essere in grado di sviluppare e attuare politiche estere efficaci è un compito fondamentale per i governi e le nazioni. Ciò richiede una chiara visione e obiettivi, un'analisi approfondita delle relazioni internazionali, una pianificazione strategica e l'utilizzo di strumenti appropriati. Solo attraverso un approccio strategico e coerente, uno stato può sperare di raggiungere i suoi obiettivi e di influenzare gli eventi internazionali in modo positivo.

25.Essere preparati ad affrontare situazioni di crisi e di emergenza

Essere preparati ad affrontare situazioni di crisi e di emergenza è fondamentale per garantire la nostra sicurezza e quella delle persone intorno a noi. Viviamo in un mondo in continuo cambiamento, dove eventi imprevisti possono accadere in qualsiasi momento. Essere preparati e reagire in modo adeguato può fare la differenza tra una situazione gestibile e una potenzialmente catastrofica.

Il primo passo per essere preparati è acquisire conoscenze di base riguardo alle situazioni di crisi ed emergenza più comuni. Questo significa essere a conoscenza dei rischi ambientali presenti nella nostra regione e delle potenziali conseguenze che potrebbero derivare da eventi catastrofici come terremoti, inondazioni o incendi. È importante conoscere le vie di evacuazione e i punti di raccolta sicuri nelle vicinanze, nonché sapere come accedere alle informazioni su eventuali avvisi o allerte emessi dalle autorità competenti.

Un altro aspetto cruciale della preparazione è disporre di un kit di emergenza ben fornito. Questo dovrebbe contenere elementi essenziali come cibo non deperibile, acqua, coperte termiche, torce elettriche, batterie, un kit di pronto soccorso e una bussola. È importante fare una revisione costante di questo kit per assicurarsi che gli alimenti e le bevande siano freschi e che le batterie delle torce siano funzionanti. In caso di emergenza, un kit di emergenza ben fornito può fare la differenza tra sopravvivere e trovarsi in una situazione di grave pericolo.

Inoltre, è essenziale avere un piano di emergenza familiare. Questo piano deve includere una serie di procedure da seguire in caso di crisi o emergenza, come il punto di incontro designato per la famiglia, i numeri di telefono di emergenza da chiamare, il modo migliore per comunicare tra i membri della famiglia in caso di interruzioni delle linee telefoniche e le responsabilità di ciascun membro in caso di evacuazione. Fare simulazioni periodiche del piano di emergenza può aiutare a familiarizzare con le procedure e a identificare eventuali lacune o situazioni impreviste.

Essere preparati ad affrontare situazioni di crisi e di emergenza significa anche sviluppare capacità di auto-aiuto. Questo significa essere in grado di prendere decisioni rapide ed efficaci in momenti di stress elevato, di adattarsi a situazioni in continua evoluzione e di gestire le proprie emozioni in modo da poter agire in modo razionale. Un addestramento in tecniche di respiro e rilassamento può essere utile per mantenere la calma in situazioni di alta tensione.

Inoltre, è importante sviluppare una mentalità di resilienza. La resilienza è la capacità di riprendersi dalle avversità e di adattarsi a nuove situazioni. Essa implica la capacità di trovare risorse interne ed esterne per superare i momenti difficili. Essere pronti a far fronte a situazioni di crisi comporta cercare il supporto di esperti qualificati, come psicologi o assistenti sociali, se necessario.

Infine, è cruciale mantenere un atteggiamento proattivo verso la sicurezza. Questo significa essere attenti agli avvisi di allerta e alle raccomandazioni delle autorità, partecipare a corsi di primo soccorso e di gestione delle emergenze, e contribuire attivamente alla prevenzione dei rischi ambientali. Ad esempio, possiamo adottare comportamenti responsabili come non lasciare apparecchiature elettriche accese quando non sono necessarie o rispettare le regole di sicurezza stradale per prevenire incidenti automobilistici.

In definitiva, essere preparati ad affrontare situazioni di crisi e di emergenza richiede un impegno costante e la consapevolezza del fatto che le situazioni impreviste possono accadere in qualsiasi momento. Investire tempo e risorse nella preparazione personale e familiare può fare la differenza tra la vita e la morte in caso di una situazione di emergenza. Non possiamo controllare gli eventi che ci accadono, ma possiamo prendere misure per proteggerci e proteggere coloro che ci circondano.

26.Conoscere le dinamiche e gli interessi delle organizzazioni internazionali

Conoscere le dinamiche e gli interessi delle organizzazioni internazionali è fondamentale per comprendere il funzionamento del sistema internazionale e il modo in cui vengono prese decisioni che influenzano la comunità globale. Le organizzazioni internazionali sono entità che riuniscono diversi Paesi al fine di affrontare questioni di interesse comune e collaborare per raggiungere obiettivi specifici.

Una delle organizzazioni internazionali più importanti ed influenti è senza dubbio le Nazioni Unite (ONU), che conta su un vasto numero di membri e lavora costantemente per promuovere la pace, i diritti umani e lo sviluppo sostenibile. Oltre all'ONU, esistono altre organizzazioni internazionali come l'Organizzazione Mondiale del Commercio (OMC), l'Organizzazione per la Cooperazione e lo Sviluppo Economico (OCSE), l'Organizzazione del Trattato dell'Atlantico del Nord (NATO) e molte altre.

La dinamica delle organizzazioni internazionali dipende da una serie di fattori, tra cui l'obiettivo dell'organizzazione stessa, gli interessi dei suoi membri, le risorse di cui dispone e le sfide che deve affrontare. Queste dinamiche possono variare da organizzazione a organizzazione, tuttavia, ci sono alcune caratteristiche comuni che possiamo individuare.

Innanzitutto, le organizzazioni internazionali sono solitamente governate da una struttura decisionale che coinvolge i loro membri. Questi membri possono essere Paesi o altre entità, come le organizzazioni non governative. Le decisioni all'interno di queste organizzazioni sono spesso prese con il consenso dei membri o tramite meccanismi di voto. Ad esempio, nell'ONU, le decisioni dell'Assemblea Generale richiedono spesso una maggioranza qualificata dei suoi membri.

Le organizzazioni internazionali sono anche caratterizzate da un sistema di organi decisionali. Ad esempio, l'ONU ha un Consiglio di Sicurezza composto da 15 membri, tra cui cinque membri permanenti con diritto di veto. Questi organi decisionali sono responsabili di prendere decisioni importanti e di definire le politiche dell'organizzazione stessa.

Gli interessi che guidano le organizzazioni internazionali sono molto vari. Alcune organizzazioni, come l'OMC, si concentrano sul commercio internazionale e cercano di promuovere la liberalizzazione degli scambi e la riduzione delle barriere tariffarie. Altre organizzazioni, come l'OMS, concentrano i loro sforzi sulla promozione della salute globale e sul coordinamento dell'assistenza sanitaria tra i Paesi membri.

Oltre agli interessi specifici, le organizzazioni

internazionali spesso collaborano per affrontare sfide globali che richiedono una risposta coordinata. Uno dei più grandi problemi affrontati attualmente a livello globale è il cambiamento climatico. Organizzazioni come l'ONU e l'Organizzazione Mondiale della Sanità cercano di affrontare questa sfida, promuovendo politiche sostenibili e coordinando gli sforzi degli Stati membri per mitigare gli effetti del cambiamento climatico e proteggere la salute delle popolazioni.

È importante notare che le organizzazioni internazionali non sono entità indipendenti, ma sono create e finanziate dai loro membri. Pertanto, gli interessi dei membri spesso influenzano le politiche e le decisioni dell'organizzazione. Ad esempio, i grandi contribuenti finanziari dell'ONU spesso hanno una maggiore influenza nelle decisioni prese dall'organizzazione.

In sintesi, conoscere le dinamiche e gli

interessi delle organizzazioni internazionali è cruciale per comprendere come funziona il sistema internazionale. Queste organizzazioni sono complesse e variano nelle loro dinamiche, ma condividono l'obiettivo di affrontare questioni di interesse globale. Studiare le organizzazioni internazionali ci permette di avere una visione più ampia delle questioni globali e di apprezzare gli sforzi che sono fatti per promuovere il benessere e la sicurezza della comunità internazionale.

27. Essere consapevoli delle implicazioni economiche e commerciali nelle relazioni diplomatiche

Le relazioni diplomatiche tra i diversi paesi sono complesse e coinvolgono molti aspetti, tra cui quelli economici e commerciali. Essere consapevoli di queste implicazioni è essenziale per stabilire e mantenere relazioni diplomatiche efficaci e vantaggiose per tutti i paesi coinvolti.

Le implicazioni economiche e commerciali nelle relazioni diplomatiche possono riguardare una vasta gamma di questioni, tra cui gli scambi commerciali, gli investimenti stranieri diretti e la cooperazione economica. La diplomazia economica è divenuta sempre più importante nel contesto globale attuale, poiché i paesi cercano di ottenere vantaggi economici e promuovere i propri interessi attraverso il dialogo politico.

Gli scambi commerciali rappresentano uno dei principali motori dell'economia globale. Pertanto, gli accordi commerciali bilaterali e multilaterali tra i paesi sono fondamentali per favorire la cooperazione economica e stimolare la crescita. Tali accordi possono influenzare direttamente l'accesso ai mercati, i dazi doganali, le tariffe e le barriere commerciali. È imperativo che i paesi siano consapevoli di tali implicazioni quando negoziano e ratificano accordi commerciali, poiché ciò può influire sulle opportunità di esportazione, importazione e investimento.

In aggiunta, l'investimento straniero diretto (ISD) svolge un ruolo chiave nelle relazioni economiche tra i paesi. Gli investimenti stranieri diretti possono promuovere la crescita economica, creare posti di lavoro e trasferire tecnologia e know-how tra i paesi. Tuttavia, i paesi devono valutare attentamente gli effetti dell'ISD sulla loro economia, inclusi gli aspetti legati alla dipendenza economica da investitori stranieri, la vulnerabilità economica e la perdita di controllo su risorse e settori strategici. Essere consapevoli delle implicazioni economiche dell'ISD è cruciale per evitare trappole economiche e garantire una partnership equilibrata tra i paesi.

Oltre agli scambi commerciali e agli investimenti, gli aspetti economici e commerciali delle relazioni diplomatiche possono includere la cooperazione economica in settori come l'agricoltura, l'energia, l'ambiente e l'innovazione. La collaborazione economica promuove la trasferimento di conoscenze e tecnologie, facilitando così la crescita sostenibile e lo sviluppo tra i paesi. Ad esempio, un paese potrebbe beneficiare del trasferimento di tecnologie verdi per affrontare le sfide ambientali, mentre un altro potrebbe ricevere supporto nel migliorare la produttività agricola. La collaborazione economica può creare uno spirito di reciprocità e mutuo vantaggio tra i paesi, rafforzando così le loro relazioni diplomatiche.

Tuttavia, i vantaggi economici che derivano dalle relazioni diplomatiche possono anche comportare sfide. Ad esempio, una dipendenza eccessiva da un singolo partner commerciale può rendere un paese vulnerabile alle fluttuazioni dei mercati globali o a eventuali commissioni economiche unilaterali da parte di quel partner. Pertanto, è importante per i paesi diversificare le loro relazioni economiche e commerciali, cercando di sviluppare partenariati con più paesi e distribuendo il rischio in modo equilibrato.

Essere consapevoli delle implicazioni economiche e commerciali nelle relazioni diplomatiche è di fondamentale importanza per un paese. Questa consapevolezza viene acquisita attraverso una valutazione attenta e strategica delle opportunità e delle sfide offerte da scambi commerciali, accordi di investimento e cooperazione economica. Solo attraverso una valutazione consapevole e un approccio equilibrato, i paesi saranno in grado di stabilire e mantenere relazioni diplomatiche sostenibili e vantaggiose per tutti.

28.Essere in grado di mediare e facilitare il dialogo tra paesi o gruppi in conflitto

Può essere un compito complesso e impegnativo. Richiede una profonda comprensione delle dinamiche del conflitto, dell'etica di mediazione e delle capacità di comunicazione efficace. La capacità di mediare tra paesi o gruppi in conflitto è fondamentale per promuovere la pace, prevenire ulteriori violenze e favorire la cooperazione e la comprensione reciproca.

Prima di affrontare la mediazione, è essenziale comprendere appieno la complessità del conflitto. Questo richiede un'analisi accurata delle cause e delle radici dei problemi, delle parti coinvolte, delle dinamiche di potere, delle sfide culturali e dei valori in gioco. Un mediatore deve essere in grado di raccogliere informazioni accuratamente, analizzarle in modo obiettivo e comprendere le questioni e le prospettive delle diverse parti coinvolte.

La mediazione richiede anche un'infrastruttura adeguata, inclusi spazi sicuri e neutri in cui le parti possano incontrarsi senza timore di ritorsioni o di perdere il proprio status. Questo può essere ottenuto tramite organizzazioni internazionali o locali, che possono facilitare gli incontri e fornire supporto logistico. La fiducia e la riservatezza sono elementi fondamentali per consentire alle parti coinvolte di esprimere liberamente le proprie opinioni e le proprie preoccupazioni.

La competenza linguistica è un fattore fondamentale quando si tratta di mediare tra diverse parti. Un mediatore deve essere in grado di comunicare fluentemente nelle lingue dei gruppi coinvolti e avere una buona comprensione della cultura e delle sfumature linguistiche di entrambi gli schieramenti. Questo può aiutare a evitare fraintendimenti e a facilitare una comunicazione più efficace.

Un aspetto cruciale della mediazione è la capacità di costruire un clima di fiducia e apertura tra le parti. Questo richiede empatia, pazienza e una sensibilità verso le emozioni e i bisogni delle parti coinvolte. Un mediatore deve essere in grado di ascoltare attentamente le preoccupazioni di entrambi i lati, senza giudicare o prendere posizioni. L'obiettivo principale del mediatore è facilitare una comunicazione costruttiva tra le parti e cercare punti di convergenza per risolvere il conflitto.

La mediazione richiede anche una gamma di abilità specifiche, come la negoziazione, il problem solving e la dinamica di gruppo. Queste abilità consentono al mediatore di gestire i conflitti e le tensioni che possono emergere durante il processo di mediazione. Il mediatore può utilizzare diverse tecniche come la ripetizione degli argomenti chiave, il raggiungimento di compromessi o l'uso della logica per cercare di raggiungere un consenso.

La neutralità e l'imparzialità sono principi che un mediatore deve seguire scrupolosamente. Deve essere in grado di rimanere neutrale e imparziale, senza prendere parti o favorire una parte rispetto all'altra. Questo è fondamentale per guadagnare la fiducia delle parti coinvolte e per garantire un processo di mediazione equo e rispettoso.

Essere in grado di mediare e facilitare il dialogo tra paesi o gruppi in conflitto richiede anche una capacità di gestire e superare gli ostacoli che possono sorgere durante il processo. Questi ostacoli possono includere le differenze culturali, le dinamiche di potere, la mancanza di fiducia o la resistenza al cambiamento. Un mediatore deve essere in grado di identificare gli ostacoli, affrontarli in modo efficace e trovare soluzioni alternative che possano risolvere il conflitto.

In conclusione, essere in grado di mediare e facilitare il dialogo tra paesi o gruppi in conflitto richiede una serie complessa di competenze, conoscenze e abilità. Un mediatore deve avere una profonda comprensione del conflitto, delle dinamiche culturali e delle sfumature linguistiche, nonché la capacità di costruire fiducia e apertura tra le parti coinvolte. La neutralità, l'imparzialità e la gestione degli ostacoli sono principi e competenze fondamentali per un mediatore. La mediazione è un mezzo efficace per promuovere la pace, la comprensione e la cooperazione tra le parti coinvolte.

29.Essere in grado di sostenere con successo la pace e la stabilità internazionale attraverso l'azione diplomatica

L'obiettivo di essere in grado di sostenere con successo la pace e la stabilità internazionale attraverso l'azione diplomatica è fondamentale nell'odierno contesto globale. In un mondo caratterizzato da conflitti, tensioni e sfide che travalicano i confini nazionali, la capacità di agire diplomaticamente è essenziale per prevenire, risolvere e gestire le crisi senza ricorrere alla violenza. Questa abilità richiede competenze specifiche, come negoziazione, mediazione e diplomazia multilaterale, che consentono di costruire ponti tra le nazioni e promuovere una cultura di dialogo e cooperazione.

Per essere efficace nella promozione della pace e della stabilità attraverso l'azione diplomatica, è necessario avere una conoscenza approfondita delle dinamiche internazionali, delle istituzioni e degli attori coinvolti. È fondamentale comprendere i fattori che determinano i conflitti e le loro cause immediatamente per poter intervenire in modo tempestivo ed efficace. Questo richiede di seguire attentamente gli sviluppi politici ed economici a livello globale, di monitorare le tensioni e i conflitti emergenti e di analizzare le questioni complesse che ne sono alla base.

Inoltre, la promozione della pace e della stabilità richiede un'attenzione particolare alla diplomazia preventiva. Questo significa intervenire in modo proattivo per evitare che le tensioni sfocino in conflitti aperti. Tale approccio richiede di identificare e anticipare le potenziali cause di conflitto, di lavorare con le parti interessate per risolvere le tensioni attraverso il dialogo e il compromesso, e di promuovere la cooperazione tra i paesi attraverso l'attuazione di politiche volte a migliorare le condizioni di vita delle popolazioni coinvolte.

La diplomazia multilaterale riveste un ruolo di

fondamentale importanza nella promozione della pace e della stabilità internazionale. Le organizzazioni internazionali, come le Nazioni Unite, offrono una piattaforma in cui le nazioni possono incontrarsi, discutere e trovare soluzioni comuni ai problemi che le affliggono. Attraverso l'azione diplomatica multilaterale, è possibile coordinare il sostegno internazionale alle nazioni in crisi, fornire aiuti umanitari, creare coalizioni per combattere problemi globali come il terrorismo e il cambiamento climatico, e costruire consenso su questioni di interesse comune, come la non proliferazione delle armi nucleari.

La negoziazione è un'abilità chiave per sostenere con successo la pace e la stabilità internazionale. La capacità di trovare compromessi, ascoltare tutte le parti coinvolte, rispettare i loro interessi e bisogni, e lavorare per una soluzione equa e duratura è essenziale per risolvere i conflitti. La negoziazione efficace richiede pazienza, sensibilità culturale e una comprensione approfondita delle dinamiche politiche, sociali ed economiche di tutti gli attori coinvolti. Solo attraverso la negoziazione è possibile raggiungere un consenso e garantire che tutte le parti si sentano coinvolte e soddisfatte del risultato.

La mediazione è un'altra abilità diplomatica fondamentale per promuovere la pace e la stabilità internazionale. La mediazione consiste nel facilitare il dialogo tra le parti in conflitto, aiutandole a raggiungere un accordo mutuamente accettabile. Questo richiede una comprensione approfondita del conflitto, delle sue cause e delle dinamiche tra le parti coinvolte. La mediazione richiede anche una neutralità e un'approccio imparziale, in modo che tutte le parti si sentano ascoltate e rispettate. Una mediazione efficace richiede la capacità di incoraggiare la fiducia, di individuare punti comuni, di superare le differenze e di guidare le parti verso una soluzione pacifica.

Per avere successo nell'azione diplomatica per

la promozione della pace e della stabilità internazionale, è fondamentale lavorare a livello nazionale e internazionale. A livello nazionale, è importante creare un ambiente politico favorevole alla diplomazia, in cui la risoluzione pacifica dei conflitti sia considerata una priorità. È necessario sviluppare capacità diplomatiche attraverso l'istruzione e la formazione, creare strutture istituzionali solide per affrontare le questioni internazionali e promuovere una cultura di dialogo, rispetto reciproco e cooperazione sia tra i politici che tra la società civile.

A livello internazionale, è fondamentale collaborare con altre nazioni e organizzazioni internazionali per affrontare le sfide globali e promuovere la pace e la stabilità. Questo richiede la capacità di ascoltare e comprendere le preoccupazioni degli altri paesi, di negoziare per trovare soluzioni comuni e di lavorare insieme per affrontare le questioni più urgenti. La diplomazia bilaterale, le conferenze internazionali, i trattati e le convenzioni rappresentano strumenti importanti per promuovere la pace e la stabilità internazionale.

La promozione della pace e della stabilità internazionale attraverso l'azione diplomatica è una sfida complessa e impegnativa. Richiede una combinazione di competenze e abilità, una conoscenza approfondita delle dinamiche internazionali, una sensibilità culturale e un forte impegno per la risoluzione pacifica dei conflitti. Tuttavia, è anche una sfida cruciale che i leader del mondo devono affrontare per garantire un futuro più sicuro e pacifico per tutti.

30.Stabilire una rete di contatti diplomatici per facilitare la cooperazione e il dialogo

Nel mondo globale e interconnesso di oggi, stabilire una rete di contatti diplomatici è fondamentale per facilitare la cooperazione e il dialogo tra i paesi. La diplomazia è un mezzo per risolvere le controversie internazionali e promuovere interessi comuni tra le nazioni. Questo capitolo esplorerà l'importanza di stabilire una rete di contatti diplomatici e fornirà dettagli su come creare e mantenere tali reti.

L'importanza della diplomazia

La diplomazia è uno strumento essenziale per promuovere la pace, la stabilità e i rapporti internazionali duraturi. Attraverso la diplomazia, i governi e gli attori internazionali possono negoziare congiuntamente accordi, risolvere conflitti e promuovere interessi comuni. La diplomazia è di solito condotta dagli ambasciatori e dal personale diplomatico, che agiscono come rappresentanti ufficiali dei loro paesi.

Creare una rete di contatti diplomatici

Per stabilire una rete di contatti diplomatici, è necessario seguire diversi passaggi chiave. Prima di tutto, è fondamentale identificare le nazioni con cui si desidera stabilire relazioni diplomatiche. Questa scelta è influenzata da vari fattori, tra cui l'interesse strategico, gli obiettivi politici ed economici e la cooperazione multilaterale. Una volta identificate le nazioni target, è possibile iniziare a sviluppare una strategia per creare contatti diplomatici.

Ambasciate e consolati

La creazione di ambasciate e consolati è il primo passo per stabilire una rete di contatti diplomatici. Le ambasciate sono generalmente situate nella capitale di un paese e rappresentano un canale formale di comunicazione tra due nazioni. Le ambasciate fungono da piattaforme per i negoziati diplomatici, la cooperazione economica e la promozione culturale. I consolati, d'altra parte, sono uffici diplomatici situati in città più piccole o regioni specifiche, che forniscono assistenza ai cittadini del paese rappresentato dall'ambasciata.

Scambi culturali ed educativi

Gli scambi culturali ed educativi giocano un ruolo fondamentale nel creare una rete di contatti diplomatici. La promozione della comprensione reciproca e dell'amicizia tra le nazioni attraverso la cultura e l'istruzione è un fattore chiave per costruire relazioni bilaterali solide. Le ambasciate possono organizzare eventi culturali, mostre d'arte, spettacoli teatrali e concerti per promuovere la propria cultura e interagire con la popolazione locale.

Inoltre, promuovere scambi accademici e universitari può favorire la formazione di una rete di contatti diplomatici. Programmi di studio all'estero, borse di studio e visitatori accademici possono creare legami tra istituzioni accademiche e favorire il dialogo intellettuale tra i paesi.

Partecipazione attiva nelle organizzazioni internazionali

Per stabilire una rete di contatti diplomatici, è importante partecipare attivamente alle organizzazioni internazionali. Queste organizzazioni, come l'Organizzazione delle Nazioni Unite (ONU), l'Unione Europea (UE) o l'Organizzazione degli Stati Americani (OAS), offrono un'opportunità per creare legami diplomatici e affrontare questioni di interesse comune.

Partecipare alle organizzazioni internazionali consente di interagire con gli altri paesi membri, partecipare a discussioni di politica internazionale e lavorare insieme per affrontare sfide globali come il cambiamento climatico, la povertà, il terrorismo, i conflitti armati e la promozione dei diritti umani.

Mantenere una rete di contatti diplomatici

Una volta stabilita una rete di contatti diplomatici, è fondamentale mantenere queste relazioni nel tempo. La manutenzione di una rete di contatti diplomatici richiede impegno, diplomazia e attenzione continua. Alcuni dei modi chiave per mantenere una rete di contatti diplomatici includono:

Incontri diplomatici e negoziati

Gli incontri diplomatici e i negoziati tra rappresentanti diplomatici sono fondamentali per mantenere una rete di contatti diplomatici attiva. Questi incontri possono avvenire a livello bilaterale o multilaterale e consentono di discutere questioni di interesse comune, risolvere controversie, promuovere la cooperazione e rafforzare i rapporti tra le nazioni.

Scambi culturali e visite ufficiali

Gli scambi culturali e le visite ufficiali sono un modo efficace per mantenere una rete di contatti diplomatici. Gli ambasciatori e il personale diplomatico possono partecipare a eventi culturali, fiere commerciali, incontri culturali e visite ufficiali per promuovere la propria cultura, incontrare rappresentanti del governo locale e consolidare le relazioni diplomatiche.

Diplomazia economica

La diplomazia economica, che coinvolge lo sviluppo di relazioni economiche e commerciali tra le nazioni, è un elemento cruciale per mantenere una rete di contatti diplomatici. La cooperazione economica, gli investimenti stranieri diretti, gli accordi commerciali e la promozione degli interessi economici reciproci possono favorire la creazione di una rete di contatti diplomatici solida e duratura.

Diplomazia digitale e comunicazione

La diplomazia digitale e la comunicazione sono diventate sempre più importanti nel mantenere una rete di contatti diplomatici. L'uso dei social media, delle videoconferenze e delle piattaforme di comunicazione online offre un modo rapido ed efficace per mantenere relazioni con persone in tutto il mondo. La diplomazia digitale può aiutare a costruire ponti tra i paesi, facilitare il dialogo, contrastare le false informazioni e promuovere la comprensione reciproca.

Esempi di reti di contatti diplomatici

Questo capitolo illustrerà alcune reti di contatti diplomatici esistenti e come hanno beneficiato la cooperazione e il dialogo tra i paesi.

Istituto Cervantes e Alianza Francesa

L'Istituto Cervantes e l'Alianza Francesa sono due organizzazioni culturali che promuovono rispettivamente la lingua e la cultura spagnola e francese a livello mondiale. Attraverso la loro rete di centri e uffici situati in tutto il mondo, queste organizzazioni facilitano scambi culturali, lezioni di lingua straniera, mostre d'arte, conferenze e altre attività per promuovere la comprensione e il dialogo tra i paesi di lingua spagnola e francese.

Queste reti di contatti diplomatici basate sulla cultura e l'istruzione hanno reso possibile lo scambio di conoscenze, la promozione delle arti e della letteratura, e hanno contribuito a rafforzare le relazioni diplomatiche tra i paesi.

Unione Europea (UE)

L'Unione Europea (UE) è un esempio di una vasta rete di contatti diplomatici tra i suoi stati membri. Attraverso istituzioni come la Commissione Europea, il Parlamento Europeo e il Consiglio dell'UE, i paesi membri dell'UE collaborano e negoziano congiuntamente su questioni politiche, economiche e sociali.

L'UE facilita il dialogo tra i suoi stati membri, promuove la cooperazione transnazionale, coordina politiche comuni e rappresenta gli interessi dell'UE a livello internazionale. La rete di contatti diplomatici dell'UE è fondamentale per la sua capacità di lavorare insieme per affrontare le sfide comuni e promuovere la pace, i diritti umani, lo sviluppo sostenibile e l'integrazione economica.

Diplomazia digitale: Twitter, Facebook e altre piattaforme

L'utilizzo dei social media e delle piattaforme digitali ha aperto nuove opportunità per stabilire reti di contatti diplomatici. Attraverso l'uso di piattaforme come Twitter, Facebook e LinkedIn, i governi e i diplomatici possono comunicare direttamente con i cittadini e creare canali di comunicazione rapida ed efficace.

Le ambasciate e i rappresentanti diplomatici utilizzano i social media per promuovere la propria cultura, informare sulle attività diplomatiche, coinvolgere il pubblico in discussioni di politica internazionale e rispondere alle domande dei cittadini. Queste interazioni online contribuiscono a creare una rete di contatti diplomatici vicina e accessibile a un pubblico globale.

Benefici della rete di contatti diplomatici

Questo capitolo esplorerà i benefici che derivano dalla creazione e dal mantenimento di una rete di contatti diplomatici.

Promozione della pace e della stabilità

Una rete di contatti diplomatici solida può promuovere la pace e la stabilità internazionale. Attraverso il dialogo e la negoziazione diplomatica, i paesi possono risolvere controversie pacificamente, prevenire conflitti e mantenere buone relazioni di cooperazione.

La diplomazia offre un canale formale per affrontare le questioni internazionali, ridurre le tensioni e promuovere la comprensione reciproca. Una forte rete di contatti diplomatici può fungere da ponte di comunicazione tra nazioni divergenti e contribuire alla costruzione di un sistema internazionale basato sulla pace e sulla giustizia.

Facilitazione degli scambi commerciali e dell'economia

Una rete di contatti diplomatici può favorire gli scambi commerciali e l'economia tra i paesi. Attraverso accordi bilaterali e multilaterali, rappresentanti diplomatici possono lavorare insieme per rimuovere barriere commerciali, favorire gli investimenti stranieri diretti e promuovere gli interessi economici reciproci.

La diplomazia economica offre opportunità per la cooperazione commerciale, la condivisione di tecnologia e l'accesso a nuovi mercati. Una rete di contatti diplomatici attiva può facilitare la creazione di sinergie economiche tra i paesi e contribuire alla prosperità reciproca.

Promozione dei diritti umani e della democrazia

La diplomazia può svolgere un ruolo importante nella promozione dei diritti umani e del rispetto dei principi democratici. I rappresentanti diplomatici possono sostenere i diritti umani attraverso il dialogo, la promozione dello stato di diritto e la sensibilizzazione sui problemi di diritti umani a livello internazionale.

Inoltre, una rete di contatti diplomatici può fornire sostegno e protezione ai difensori dei diritti umani e alle organizzazioni non governative che lavorano per la promozione dei diritti umani e della democrazia.

Affrontare le sfide globali

Le sfide globali come il cambiamento climatico, la povertà, il terrorismo e i conflitti armati richiedono una cooperazione internazionale. Una rete di contatti diplomatici attiva può contribuire alla ricerca di soluzioni comuni per affrontare queste sfide.

Attraverso la diplomazia multilaterale e la partecipazione attiva alle organizzazioni internazionali, i paesi possono lavorare insieme per sviluppare politiche e strategie condivise per affrontare le sfide globali e promuovere lo sviluppo sostenibile e la pace nel mondo.

Conclusioni

Stabilire una rete di contatti diplomatici è essenziale per facilitare la cooperazione e il dialogo tra i paesi. La diplomazia offre un canale formale per promuovere la pace, la stabilità, i diritti umani e la prosperità economica. La creazione di ambasciate, consolati, organizzazioni culturali e la partecipazione attiva alle organizzazioni internazionali sono modi efficaci per stabilire una rete di contatti diplomatici.

Mantenere una rete di contatti diplomatici richiede impegno costante, dialogo e diplomazia. Incontri diplomatici, scambi culturali, diplomazia economica e l'uso dei social media sono componenti chiave per mantenere attiva una rete di contatti diplomatici.

Le reti di contatti diplomatici promuovono la pace, facilitano gli scambi commerciali, promuovono i diritti umani e affrontano le sfide globali. Attraverso la cooperazione e il dialogo diplomatico, i paesi possono lavorare insieme per costruire un mondo più equo, pacifico e sostenibile.

Indice